GUIDE PRATIQUE

DES

CONFÉRENCES AGRICOLES

PAR

L. GOSSIN

CHEVALIER DE LA LÉGION D'HONNEUR,
ANCIEN ÉLÈVE DE GRIGNON, CULTIVATEUR, PROFESSEUR D'AGRICULTURE
A L'INSTITUTION NORMALE AGRICOLE DE BEAUVAIS

PARIS

LIBRAIRIE SCIENTIFIQUE, INDUSTRIELLE ET AGRICOLE

Eugène LACROIX, Éditeur

LIBRAIRE DE LA SOCIÉTÉ DES INGÉNIEURS CIVILS

15, quai Malaquais

GUIDE PRATIQUE

DES

CONFÉRENCES AGRICOLES

Pour la traduction, l'achat des clichés ou des planches des volumes de la Bibliothèque, on devra s'adresser à l'Éditeur.

Paris. — Imprimerie de P.-A. BOURDIER et Ce, rue des Poitevins, 6.

GUIDE PRATIQUE

DES

CONFÉRENCES AGRICOLES

PAR

L. GOSSIN

CHEVALIER DE LA LÉGION D'HONNEUR,
ANCIEN ÉLÈVE DE GRIGNON, CULTIVATEUR, PROFESSEUR D'AGRICULTURE
A L'INSTITUTION NORMALE AGRICOLE DE BEAUVAIS.

PARIS

LIBRAIRIE SCIENTIFIQUE, INDUSTRIELLE ET AGRICOLE
Eugène LACROIX, Éditeur
LIBRAIRE DE LA SOCIÉTÉ DES INGÉNIEURS CIVILS
15, quai Malaquais

—

1865

OUVRAGES DU MÊME AUTEUR

En vente à la Librairie de E. LACROIX.

MANUEL ÉLÉMENTAIRE D'AGRICULTURE, à l'usage des écoles primaires de la Lorraine et des Ardennes, ouvrage couronné d'un prix de mille francs par la Société impériale et centrale d'agriculture. Vouziers, 1839, 1 vol. in-18.

MANUEL ÉLÉMENTAIRE à l'usage des écoles primaires des départements de la Mayenne, d'Ille-et-Vilaine, des Côtes-du-Nord, du Morbihan et de la Loire-Inférieure, ouvrage couronné d'un prix de mille francs par la Société impériale et centrale d'agriculture. Nantes, 1840, 1 vol. in-18.

LES AVANTAGES DE LA RÉUNION TERRITORIALE, ouvrage couronné par la Société d'agriculture de Nancy. Paris, 1841, br. in-18.

QUELQUES MOTS SUR LA SITUATION DES ESPRITS EN FRANCE TOUCHANT L'AGRICULTURE. Paris, 1846, br. in-8.

L'AGRICULTURE FRANÇAISE, volume grand in-4° jésus, contenant une carte agricole de la France et orné de 225 planches dessinées par MM. Isidore Bonheur, Bouyer, Milbau, Mlle Rosa Bonheur. Paris, 1859.

L'AGRICULTURE FRANÇAISE, seconde édition, deux volumes in-12. Paris, 1859.

L'AGRICULTURE FRANÇAISE (Extraits de), 30 couvertures de cahiers à l'usage des élèves des écoles primaires. Paris, 1859.

ENSEIGNEMENT AGRICOLE, brochure in-8. Paris, 1862.

ENSEIGNEMENT AGRICOLE appliqué à l'instruction publique. Paris, 1864.

MANUEL ÉLÉMENTAIRE ET CLASSIQUE d'agriculture, d'arboriculture et de jardinage, troisième édition. Paris, 1865.

Publications de la Librairie Scientifique, Industrielle et Agricole

DE LA SOCIÉTÉ DES INGÉNIEURS CIVILS

A PARIS, 15, QUAI MALAQUAIS

— Mai 1865 —

(Ce catalogue annule tous les précédents, en ce qui concerne la Bibliothèque des professions industrielles et agricoles.)

BIBLIOTHÈQUE

DES

PROFESSIONS INDUSTRIELLES ET AGRICOLES

PUBLIÉE PAR

EUGÈNE LACROIX, ÉDITEUR

Sous la direction de MM. les Rédacteurs des ANNALES DU GÉNIE CIVIL

avec la collaboration d'Ingénieurs et de Praticiens français et étrangers,

COLLECTION DE GUIDES PRATIQUES

A L'USAGE

DES CHEFS D'USINES, DES CONTRE-MAITRES, DES OUVRIERS, DES AGRICULTEURS, DES ÉCOLES INDUSTRIELLES,

MIS POUR QUELQUES-UNS A LA PORTÉE DES GENS DU MONDE

Depuis quarante ans que notre maison est fondée, nos prédécesseurs ont publié, et nous continuons à publier des ouvrages sur les sciences appliquées à l'industrie, aux arts et métiers, à l'agriculture. L'ensemble de ces publications forme une collection très-variée : donc, nous avions créé par le fait une *Bibliothèque des professions industrielles et agricoles*. Mais l'étendue de quelques-uns des ouvrages qu'elle renferme, l'enseignement plus ou moins scientifique ou plus particulièrement pratique qu'ils contiennent, la forme typographique différente pour le plus grand nombre, et enfin le prix élevé de quelques-uns ne permettaient pas de les comprendre par séries dans une encyclopédie accessible, par la forme, par le fond et par le prix, aux personnes qui ont le plus souvent besoin d'indications

pratiques sur la profession, dont elles font l'apprentissage
ou dans laquelle elles veulent devenir plus intelligem-
ment habiles.

A ces personnes, dont le nombre est très-grand, il faut
des *guides pratiques* exacts, d'un format commode, d'un
prix modéré, rédigés avec clarté et méthode, comme est
clair et méthodique l'enseignement direct du professeur
à l'élève ou celui du maître à l'apprenti. Telle a été notre
pensée en commençant, en 1863, la publication de la
Bibliothèque des professions industrielles et agricoles, composée de *Guides pratiques*.

Nous atteindrons le but que nous nous sommes proposé,
nous en avons déjà l'assurance par la vente soutenue des
séries publiées jusqu'à ce jour; par le nombre et le mérite,
soit comme savants, soit comme praticiens, des collabo-
rateurs acquis à l'œuvre, et par les adhésions qui nous ar-
rivent de tous côtés et sous toutes les formes.

Notre publication s'adresse à l'ingénieur, à l'industriel,
à l'ouvrier mécanicien dans chacune des professions spé-
ciales, à l'artisan de tous les métiers, à l'instituteur, à
l'agriculteur; certaines séries conviennent à l'homme du
monde qui désire satisfaire utilement sa curiosité, ou qui
veut augmenter les notions déjà acquises, par des connaissances particulières sur les professions qui procurent à la
société entière les éléments du bien-être matériel, base
indispensable du progrès moral.

C'est donc à un très-grand nombre de lecteurs ou plutôt
de travailleurs que nous offrons un concours efficace pour
l'étude et les applications des questions d'utilité privée
ou publique. Nous leur faisons un appel direct, en leur
rappelant qu'il n'y a possibilité d'abaisser le prix de vente
d'un livre qu'à condition de pouvoir imprimer ce livre à
un très-grand nombre d'exemplaires, en prévision d'un
grand nombre d'acheteurs: en effet, les premières dépenses
c'est-à-dire la gravure des bois et des planches, la composition typographique du texte et le travail de l'auteur
sont les mêmes pour un exemplaire que pour mille,
dix mille, etc. Dans l'espoir que le nombre des adhérents à
notre œuvre ne cessera pas d'augmenter, — que rédacteurs et souscripteurs nous prêteront leur appui, de plus
en plus efficace, — nous continuerons à publier les volumes
annoncés, le plus promptement qu'il nous sera possible.

Le prix de vente de chacun d'eux sera fixé d'après le chiffre des frais occasionnés par la publication.

Cette Bibliothèque est composée de **Neuf Séries**, qui provisoirement se subdivisent comme suit :

Série A. — Sciences exactes.................... 9 vol.
  »   B. — Sciences d'observation.............. 21 »
  »   C. — Constructions civiles............... 30 »
  »   D. — Mines et Métallurgie................ 20 »
  »   E. — Machines motrices.................... 7 »
  »   F. — Professions militaires et maritimes. 9 »
  »   G. — Professions industrielles.......... 66 »
  »   H. — Agriculture, Jardinage, etc........ 56 »
  »   I. — Économie domestique, Comptabi-
            lité, Législation, Mélanges...... 24 »

BIBLIOTHÈQUE

DES

PROFESSIONS INDUSTRIELLES ET AGRICOLES

PUBLIÉE

Sous la direction de MM. les Rédacteurs des ANNALES DU GÉNIE CIVIL

PAR EUGÈNE LACROIX, ÉDITEUR

CATALOGUE

des Ouvrages publiés, sous presse ou en préparation.

TABLE DES MATIÈRES[1]

SÉRIE A.

SCIENCES EXACTES

Sous presse.

3. Géométrie élémentaire. 1 vol. avec atlas, pour paraître fin
    mai, par M. ROZAN.

[1] Cette table est loin d'être complète comme matière à publier, puisque la collection doit former une technologie complète; beaucoup d'autres volumes, traitant de sujets non mentionnés ici, viendront en leur temps en élargir le cadre, mais nous avons l'intention, pour le moment, de ne nous occuper que de ces premiers, parce que nous pensons que ce sont ceux dont la publication est le plus promptement désirée.

6. Dessin linéaire à l'usage des ouvriers de toutes professions, par MM. A. ORTOLAN et J. MESTA. 1 vol. avec atlas, pour paraître fin mai.

En préparation[1].

1. Arithmétique.	**7.** Perspective.
2. Algèbre.	**8.** Connaissance et pratique des
4. Trigonométrie,	Logarithmes.
5. Géométrie descriptive.	**9.** Emploi de la Règle à calcul.

SÉRIE B.

SCIENCES D'OBSERVATION, CHIMIE.

4. Télégraphie électrique, ou *Vade mecum* pratique à l'usage des employés des lignes télégraphiques, suivi du programme des connaissances exigées pour être admis au surnumérariat dans l'administration des lignes télégraphiques, par M. B. MIÉGE, directeur de station de ligne télégraphique. 1 vol., xi-148 pages, avec 45 figures dans le texte.   **2 fr.**

M. Miége n'a pas voulu faire seulement un livre utile, mais bien un guide indispensable. Aux notions préliminaires sur le magnétisme, les différentes sources d'électricité et les propriétés des courants, succède la description de tous les appareils usités, avec l'indication des signaux généralement adoptés. Des formules d'une grande simplicité permettent de se rendre compte de l'intensité des courants et de rechercher la cause des dérangements.

9. Analyse qualitative, instruction pratique à l'usage des laboratoires de chimie, par M. le docteur H. WILL, professeur agrégé de l'université de Giessen ; traduit de l'allemand par M. le docteur G.-W. BICHON, traducteur des Lettres de M. Justus Liebig sur la chimie, et auteur de plusieurs travaux sur cette science. 1 vol., 248 pages.   **1 fr. 50**

Les traités spéciaux sur la chimie analytique sont ou trop volumineux ou incomplets, en ce sens que, dans ces derniers, manquent les indications indispensables pour que l'élève puisse se conduire lui-même.

M. le docteur Will a su éviter ces deux défauts : son guide enseigne d'une manière simple, substantielle et méthodique, tout ce qu'il faut savoir pour devenir capable de découvrir et de séparer les parties constituantes des corps composés.

11. Introduction à l'étude de la chimie, contenant les principes généraux de cette science, les proportions chimiques, la théorie atomique, le rapport des poids atomiques avec

Une notable partie des ouvrages indiqués comme étant en préparation seront mis sous presse dans le courant de l'année 1865.

le volume des corps, l'isomorphisme, les usages des poids atomiques et des formules chimiques, les combinaisons isoméri-
ques des corps catalyptiques, etc., accompagné de considérations détaillées sur les acides, les bases et les sels, par M. J.
Liebig, traduit de l'allemand par Ch. Ghérard, augmenté d'une
table alphabétique des matières présentant les définitions techniques et les relations des corps. 1 vol. 248 pages.   2 fr. 50

L'accueil favorable que cette traduction a rencontré en France rappelle
le succès obtenu en Allemagne par l'édition originale de l'illustre chimiste.

Dans cette *Introduction* sont exposés d'une manière succincte et claire les
principes généraux de la chimie, les proportions chimiques, la théorie
atomique, en un mot toutes les notions élémentaires indispensables à celui qui
veut aborder la chimie analytique.

18. Guide pratique pour reconnaître et pour déterminer le titre
véritable et la valeur commerciale des **Potasses**, des **Soudes**,
des **Cendres**, des **Acides** et des **Manganèses**, avec neuf
tables de déterminations, par MM. les docteurs R. Frésénius et
H. Will, assistants préparateurs au laboratoire de chimie de
Giessen ; traduit de l'allemand par M. le docteur W. Bichon,
1 vol., xvi-163 pages.   2 fr.

En rédigeant ce guide, les auteurs ont considéré d'une part qu'ils écrivaient
pour les chimistes, et de l'autre, aussi pour des personnes qui sont moins
avancées dans la science. Ils ont donc combiné leurs efforts de manière à
réunir aux notions scientifiques nécessaires une exécution qui pût être généralement comprise de tous.

En présence du rôle important que jouent dans la technologie et dans les
arts industriels les substances auxquelles ce livre est principalement consacré, nous croyons superflu d'insister sur l'utilité de la méthode qui y est
enseignée et des neuf tables qui en font le complément.

Sous presse.

12. Un Chapitre de chimie industrielle, moyens pratiques de
reconnaître et de corriger les *fraudes et les maladies du vin*,
suivi d'un Traité des procédés à employer pour faire l'analyse
chimique de tous les vins ; pour paraître fin juin 1865.

En préparation.

1. Physique.	14. Minéralogie.
2. Applications de la chaleur.	15. Géologie.
3. Galvanoplastie.	16. Vinaigrier et Moutardier.
5. Photographie.	17. Electricité. (Applications de
6. Astronomie.	l').
7. Chimie élémentaire.	19. Météorologie.
8. Chimie générale.	20. Anatomie.
10. Chimie industrielle.	21. Zoologie.
13. Botanique.	

SÉRIE C.

ART DE L'INGÉNIEUR, PONTS & CHAUSSÉES, CONSTRUCTIONS CIVILES.

1. Le Géomètre arpenteur, comprenant l'arpentage, le nivellement, la levée des plans, le partage des propriétés agricoles ; suivi de l'exposition du *système métrique*, avec son application à la mesure des surfaces et des corps, par M. P.-G. Guy, ancien élève de l'École polytechnique, officier d'artillerie. 2e édition, revue, corrigée et augmentée. 1 vol., 376 pages et 5 planches, contenant 251 figures. 　　　　　　　　　　　　　　3 fr. 50

M. Guy a laissé de côté les travaux qui nécessitent de trop vastes connaissances géométriques et trigonométriques, et il s'est efforcé de recueillir dans ce volume, facile à transporter dans les champs, tout ce qui, s'appuyant sur un petit nombre de vérités géométriques évidentes, peut rendre un propriétaire capable de connaître et de vérifier la contenance d'un terrain, et d'en construire lui-même un plan exact. Ce guide pratique n'en est cependant pas moins un traité complet d'arpentage, car chaque division de l'ouvrage est précédé de définitions et de notions qui contiennent les vérités géométriques sur lesquelles les opérations sont fondées.

2. Guide pratique du Conducteur et de l'Agent voyer. Principes de l'art de l'ingénieur, par F. Birot, ingénieur civil, ancien conducteur des ponts et chaussées.

Première partie : plans et nivellements, 1 vol., VIII-124 pages et 6 planches. 　　　　　　　　　　　　　　2 fr.

Les autres parties (sous presse) se vendront séparément.

Un premier ouvrage de M. Birot, qui avait pour titre *Routes et ponts*, s'est épuisé avec une très-grande rapidité, et est demandé tous les jours. — La série de ces 4 volumes que publie la Bibliothèque Lacroix, représente la nouvelle édition complétement refondue et augmentée de cet excellent ouvrage.

10. Guide pratique du Constructeur. — Maçonnerie, par A. Demanet, lieutenant-colonel honoraire du génie, membre de l'Académie royale de Belgique, etc. 1 vol., 252 pages, avec tableau et 1 atlas in-18 de 20 planches doubles, gravées sur acier, par Chaumont. 　　　　　　　　　　　　　　5 fr.

Ce guide, écrit par M. Demanet, qui a professé un cours de construction à l'École militaire de Bruxelles, emprunte une grande autorité à l'expérience et à la position de l'auteur.

Les 20 planches de l'atlas qui accompagnent ce guide comprennent 137 figures que Chaumont a gravées avec cette exactitude et cette élégance qui ont fondé sa réputation.

Nous rappellerons que M. le lieutenant-colonel Demanet est auteur d'un *Cours de construction* qui a eu très-rapidement deux éditions et qui embrasse la connaissance des matériaux et leur emploi, la théorie des constructions, l'établissement des fondations, l'économie des travaux, leur entretien etc. etc. Cet ouvrage, édité par la librairie scientifique, industrielle et agricole, coûte avec l'atlas 70 francs et ne pouvait par conséquent entrer dans le cadre de la *Bibliothèque des professions industrielles et agricoles.*

18. Construction des chemins de fer, par J. MALÉVILLE. 1 vol. 149 pages, tableaux et 2 planches. 3 fr.

Cet ouvrage, très-abrégé, ainsi qu'on peut en juger par le nombre de pages qu'il compte, a résumé, condensé, les principes essentiels utiles aux agents voyers : aussi a-t-il promptement été adopté par eux.

21. Traité de l'Exploitation des chemins de fer, voyageurs et bagages, par M. Victor EMION, précédé d'une préface par M. Jules FAVRE. 1 vol. XVI-505 p. 2 fr. 50

Aujourd'hui tout le monde voyage. Le manuel de M. V. Emion est donc le guide obligé de tout le monde. Il fait connaître à chacun ses droits et ses devoirs vis-à-vis des compagnies : il prend le voyageur chez lui, il le mène à la gare, le suit à son départ, pendant sa route, à son arrivée et le ramène à son domicile ; il prévoit toutes les difficultés, toutes les contestations et en donne la solution fondée sur la loi, les règlements, la jurisprudence ou l'équité.

Deuxième partie : Marchandises. (Sous presse); pour paraître fin mai.

27. Notions générales sur les Chemins de fer, statistique, histoire, exploitation, accidents, organisation des compagnies, administration, tarifs, service médical, institutions de prévoyance, construction de la voie, voitures, machines fixes, locomotives, nouveaux systèmes ; suivi des Biographies de Cugnot, Seguin et George Stephenson, d'un Mémoire sur les avantages respectifs des différentes voies de communication, d'un Mémoire sur les chemins de fer considérés comme moyens de défense d'un pays, et d'une bibliographie raisonnée ; par M. Auguste PERDONNET, ancien élève de l'Ecole polytechnique, ancien ingénieur en chef de plusieurs chemins de fer, directeur de l'Ecole centrale des arts et manufactures, président honoraire de la Société des ingénieurs civils, président de l'Association polytechnique, etc. 1 vol., 452 pages, avec de nombreuses figures dans le texte. 5 fr.

Après avoir publié deux ouvrages techniques sur les chemins de fer, qui s'adressaient directement aux hommes spéciaux, M. A. Perdonnet a voulu dans ses *Notions générales* se rendre intelligible pour tout le monde. Outre les questions techniques et économiques, il traite dans ces *Notions* des questions d'organisation des compagnies et d'exploitation dont il n'avait pas à parler dans ses deux grands ouvrages. Nous signalerons l'importance des renseignements historiques et statistiques dont il a enrichi notre publication.

Sous presse.

Guide pratique du *conducteur* des ponts et chaussées, et de *l'agent voyer*, par F. BIROT, ingénieur civil, ancien conducteur des ponts et chaussées. *Première partie* (publiée, voir plus haut).

2. *Deuxième partie :* Routes et chemins. Etude et rédaction d'un projet de voie de communication avec application, etc., etc.

Troisième partie : Ponts et ponceaux.

Quatrième partie : Travaux de construction en général.

19. Guide pratique pour le Tracé des cercles sur le terrain, par M. PERRONNE, ingénieur des ponts et chaussées.

20. Constructions à la mer, par M. B..., ingénieur en chef des ponts et chaussées.

22. Dictionnaire du constructeur, par M. PERNOT, édition complétement refondue par M. TRONQUOY.

En préparation.

3. Métreur vérificateur.
4. Fabrication des briques.
5. Architecte.
6. Tailleur de pierre.
7. Charpentier.
8. Construction des escaliers.
9. Fumisterie.
11. Chaufournier et plâtrier, ciments et mortiers.
12. Marbrier.
13. Peintre en bâtiment.
14. Construction en fer.
15. Hydraulique.
16. Routes et chemins de fer (construction et tracé).
17. Routes et chemins de fer (ponts, viaducs et tunnels).
23. Routes et chemins de fer (matériel fixe et roulant).
24. Tables de cubages pour les matériaux de toutes natures.
25. Tables pour les poids des matériaux de toutes natures.
26. Chauffage et ventilation.
28. Terrassier.
29. L'appareilleur.
30. Architecture. Principes généraux de l'art de l'architecture religieuse. Eglises, temples, chapelles, etc.

SÉRIE D.

MINES ET MÉTALLURGIE,
MINÉRALOGIE,
GÉOLOGIE, HISTOIRE NATURELLE.

3. **Métallurgie,** ou Exposition détaillée des divers procédés employés pour obtenir les *métaux utiles,* précédé de l'essai et de la préparation des minerais, par MM. D... et L... 1 vol., 347 pages et 8 planches.   2 fr.

Cet ouvrage réunit, sous un petit volume, un corps d'instruction suffisant pour guider les personnes qui désirent connaître les principes de la métallurgie et ses applications journalières.
Les dessins qui accompagnent ce guide pratique sont d'une grande exactitude.

4. **Guide pratique du métallurgiste. Le Fer,** son histoire, ses propriétés et ses différents procédés de fabrication, par M. William FAIRBAIRN, ingénieur civil, membre de la Société royale

de Londres, correspondant de l'Institut de France, etc., traduit de l'anglais avec l'approbation de l'auteur, et augmenté de notes et d'appendices, par M. Gustave MAURICE, ingénieur civil des mines, secrétaire de la rédaction du Bulletin de la Société d'encouragement. 1 vol., 351 pages et 68 figures dans le texte.   5 fr.

5. Emploi de l'acier, ses propriétés, par J.-B.-J. DESSOYE, ancien manufacturier, avec une introduction et des notes par Ed. GRATEAU, ingénieur civil des mines. 1 vol. de 503 p.   3 fr.

Ce livre constitue une véritable monographie de l'acier. M. Dessoye prend l'art de fabriquer l'acier à son origine et nous montre ses progrès. Il signale la nature et les propriétés natives de l'acier, en indique les différents modes d'élaboration et termine son guide par une étude sur l'emploi de l'acier dans les manipulations qu'on lui fait subir. Comme le fait remarquer M. Grateau dans sa savante introduction, ce livre s'adresse à tous ceux qui sont appelés à acheter et à consommer de l'acier d'une qualité quelconque sous toute forme, et il sera lu avec fruit par tous les praticiens.

11. Guide pratique de la recherche, de l'extraction et de la **fabrication de l'Aluminium et des Métaux alcalins.** Recherches techniques sur leurs propriétés, leurs procédés d'extraction et leurs usages, par MM. Charles et Alexandre TISSIER, chimistes-manufacturiers. 1 vol., 226 pages, 1 planche et figures dans le texte.   3 fr.

Les notions sur l'aluminium se trouvaient disséminées dans des recueils nombreux publiés en France et à l'étranger. Les auteurs de ce guide ont eu l'idée de faire de ces notions éparses un tout homogène dans lequel, après avoir retracé l'historique de la préparation des métaux alcalins, ils esquissent à grands traits l'histoire de la préparation de l'aluminium. Des chapitres spéciaux sont consacrés à la fabrication industrielle et aux propriétés physiques et chimiques du nouveau métal.

14. L'Art du Maître de forges. Traité théorique et pratique de l'exploitation du fer et de ses applications aux différents agents de la mécanique et des arts, par M. PELOUZE. 2 vol., ensemble 806 pages, et 10 planches.   5 fr.

Ce traité est toujours consulté avec fruit : c'est le résumé d'une longue expérience. L'art du maître de forges a fait des progrès notables depuis les dernières années, mais c'est toujours dans le livre substantiel de M. Pelouze qu'on va retrouver les notions théoriques et pratiques qui renfermaient en germe les améliorations qui se sont succédé.

15. Minéralogie usuelle. Exposition succincte et méthodique des minéraux, de leurs caractères, de leur composition chimique, de leurs gisements, de leurs applications aux arts et à l'économie, par M. DRAPIEZ. 1 vol., 504 pages.   2 fr.

A la lucidité des définitions et à la simplicité de la méthode d'exposition, ce guide joint un autre mérite qui n'échappera pas aux hommes pratiques : il contient la description de 1,500 espèces minérales dont il analyse les caractères distinctifs, la forme régulière et la forme irrégulière, les propriétés particulières, les compositions chimiques et les synonymies, les gisements, les applications dans les arts, dans l'industrie, etc.

17. Traité des **Roches** simples et composées ou de la classification géognostique des Roches d'après leurs caractères minéralogiques et l'époque de leur apparition, par M. Marcel DE SERRES, professeur à la Faculté des sciences de Montpellier, conseiller honoraire à la Cour impériale de la même ville, officier de la Légion d'honneur. 1 vol., 288 pages.   3 fr.

19. **Pétrole** (le), ses gisements, son exploitation, son traitement industriel, ses produits dérivés, ses applications à l'éclairage et au chauffage, par MM. Emile SOULIÉ et Hipp. HAUDOÜIN, anciens élèves de l'École des mines. 1 vol., 232 pages, avec figures dans le texte.   3 fr.

Sous presse.

13. Guide pratique de l'**Alliage des métaux**, par M. A. GUETTIER. 1 fort volume. (Pour paraître fin mai.)

En préparation.

1. Recherche et exploitation des mines.
2. Sondeur.
6. Le zinc.
7. Le cuivre.
8. Le plomb et l'étain.
9. L'argent.
10. L'or.
12. Essayeur.
16. Extraction de la tourbe.
18. Asphaltes et bitumes.
20. Exploitation des houillères.

SÉRIE E.

MACHINES MOTRICES.

En préparation.

1. Construction des machines et des roues hydrauliques.
2. Conduite, chauffage et entretien des machines fixes et locomobiles.
3. Des machines locomotives.
4. Des machines à vapeur marines.
5. Construction des moulins à vent.
6. Construction des machines agricoles.
7. Construction des engrenages.

SÉRIE F.

PROFESSIONS MILITAIRES ET MARITIMES.

En préparation.

1. Topographie militaire.
2. Pontonnier.

3. Artificier et feux d'artifice.
4. Poudres et salpêtres.
5. Constructions navales.
6. Capitaine au long cours.
7. Maître au cabotage.

8. Topographie marine, le lever du plan d'une côte ou d'une baie.
9. Instruments et calculs nautiques.

SÉRIE G.

ARTS. — PROFESSIONS INDUSTRIELLES.

3. **Fabrication des Tissus imprimés**, impression des étoffes de soie. Ouvrage accompagné de planches et enrichi de nombreux échantillons, par M. D. KÆPPELIN, chimiste, directeur de fabriques d'impression sur étoffes. Deuxième édition augmentée d'un appendice. 1 vol., 142 p., 1 pl. et nombreux échantillons.   10 fr.

4. **Manuel de la Literie**, par M. Jean DE LATERRIÈRE, manufacturier. 1 vol., 180 pages, avec 14 planches.   2 fr.

Ce manuel contient : 1° la description analytique, le genre de fabrication et le mode de traitement des meubles et objets mobiliers usités dans la literie ; 2° une série d'observations pratiques sur la composition et l'installation des lits dans des hôpitaux.

Quelque aride que paraisse le sujet traité par M. de Laterrière, abstraction faite de son incontestable utilité, l'auteur a su le parsemer de réflexions humouristiques qui font du *Manuel de la literie* une lecture attrayante.

9. **Connaissance et Exploitation des Corps gras industriels**, contenant l'histoire des provenances, des modes d'extraction, des propriétés physiques et chimiques, du commerce des corps gras ; des altérations et des falsifications dont ils sont l'objet, et des moyens anciens et nouveaux de reconnaître ces sophistications, par M. Théodore CHATEAU, chimiste, ex-préparateur au Muséum d'histoire naturelle, lauréat de la Chambre de commerce d'Avignon pour le concours des falsifications des garances, lauréat de la Société industrielle de Mulhouse pour les falsifications des corps gras et pour l'analyse des benzines, nitrobenzines et anilines du commerce, directeur du laboratoire d'analyses d'Ivry-sur-Seine (près Paris) ; à l'usage des chimistes, des pharmaciens, des parfumeurs, des fabricants d'huiles, etc., des épurateurs, des fondeurs de suif, des fabricants de savon, de bougie, de chandelle, d'huiles et de graisses pour machines, des entrepositaires de graines oléagineuses et de corps gras, etc. 2° édition, revue et augmentée. 1 volume, 386 pages ou tableaux, suivi d'un appendice nouveau.   4 fr.

M. Chateau, en publiant la première édition de cet ouvrage, avait eu pour but de donner aux chimistes et aux manufacturiers, une histoire aussi complète que possible des corps gras industriels employés tant en France qu'à l'étranger, et considérés au point de vue de leur provenance, de leur extraction, de leur composition, de leurs propriétés physiques et chimiques, de leur commerce et de leurs altérations spontanées ou frauduleuses.

Dans la nouvelle édition publiée dans notre *Bibliothèque*, M. Chateau a ajouté à sa monographie des corps gras un appendice renfermant quelques corrections indispensables et d'importantes additions.

12. Trois sources d'économie de combustibles. Guide pratique du **Constructeur d'appareils économiques de chauffage** pour les combustibles solides et gazeux, traitant des générateurs à gaz fixes et locomobiles, de l'application de la chaleur concentrée et du calorique perdu aux chaudières à vapeur et aux fours de toute espèce, à l'usage des ingénieurs, architectes, fumistes, verriers, briquetiers, des forges; fabriques de zinc, de porcelaine, de faïence, d'acier, de produits chimiques; des raffineries de sucre, de sel, des industries métallurgiques et autres employant la chaleur; par M. Pierre Flamm, manufacturier, auteur d'un ouvrage qui a pour titre *le Verrier au dix-neuvième siècle*. 157 pages et 4 planches. 3 fr.

M. Flamm a pris pour épigraphe de son livre *Non multa sed multum*. Jamais devise n'a été plus fidèlement respectée. Dans ce traité tout est substantiel, rien n'est inutile. Les constructeurs y trouveront des données pratiques et les grands industriels pourront, après l'avoir lu, se rendre compte des qualités que doivent posséder les appareils qu'ils font établir dans leurs usines ou dans leurs fabriques.

23. Guide pratique du **Bijoutier.** Application de l'harmonie des couleurs dans la juxtaposition des pierres précieuses, des émaux et de l'or de couleur, par M. L. Moreau, bijoutier et dessinateur. 1 vol., 108 pages, avec 2 planches. 1 fr.

Ce petit livre est une protestation hardie contre l'esprit de routine. L'auteur a réuni les données fournies par la science sur l'harmonie et le contraste des couleurs, et, comparant ces données aux observations faites dans la pratique du métier, il a formé une théorie applicable à la bijouterie.

26. Guide pratique du **Joaillier,** ou Traité complet des pierres précieuses, leur étude chimique et minéralogique, les moyens de les reconnaître sûrement, leur valeur approximative et raisonnée, leur emploi, la description des plus extraordinaires et des chefs-d'œuvre anciens et modernes auxquels elles ont concouru, par M. Ch. Barbot, ancien joaillier, inventeur du procédé de décoloration du diamant brut, membre de plusieurs Sociétés savantes. 1 vol., 567 pages, 3 planches renfermant 178 figures, représentant les diamants les plus célèbres de l'Inde, du Brésil et de l'Europe, bruts et taillés, et les dimensions exactes des brillants et roses en rapport avec leur poids, depuis un carat jusqu'à cent carats. 5 fr.

Écrit tout à la fois pour les praticiens et les gens du monde, ce guide donne, par ordre alphabétique, la description de toutes les pierres précieuses en en indiquant l'aspect, la couleur, la dureté, l'éclat, la pesanteur spécifique, la composition chimique, la forme géométrique, le gisement, l'abondance ou la rareté, l'emploi et le prix.

Un article spécial a été consacré au diamant, la pierre de prédilection de nos jours.

35. Fabrication du papier et du carton, par M. A. PROU-TEAUX, ingénieur civil, ancien élève de l'Ecole centrale des arts et manufactures, directeur de la papeterie de Thiers (Puy-de-Dôme). 1 vol., 273 p. et atlas de VII planches doubles gravées sur acier avec leurs légendes en regard.   4 fr.

Après avoir énuméré et classé méthodiquement les diverses matières premières, l'auteur nous initie aux détails de la fabrication et nous décrit les nombreuses transformations que subit le chiffon avant de sortir de la cave ou de la machine sous forme de papier. Il nous apprend à connaître et à distinguer les différentes espèces de papier, leurs formats, leurs poids, leurs dimensions, et décrit les diverses machines qui constituent le matériel d'une papeterie.

43. Guide pratique du **Parfumeur,** Dictionnaire raisonné des **Cosmétiques** et **Parfums,** contenant la description des substances employées en parfumerie, les altérations ou falsifications qui peuvent les dénaturer, etc., les formules de plus de 500 préparations cosmétiques, huiles parfumées, poudres dentifrices, épilatoires; eaux diverses, extraits, eaux distillées, essences, teintures, infusions, esprits aromatiques, vinaigres et savons de toilette, pastilles, crèmes, etc. Ouvrage entièrement nouveau présentant des considérations hygiéniques sur les préparations cosmétiques qui peuvent offrir des dangers dans leur emploi, par M. le docteur Adolphe-Benestor LUNEL, chimiste, membre des Académies impériales des sciences de Caen, Chambéry, etc., ancien professeur de chimie et d'histoire naturelle, etc. 1 vol., 215 pages.   5 fr.

44. Guide pratique de l'**Épicerie,** ou Dictionnaire des denrées indigènes et exotiques en usage dans l'économie domestique, comprenant : l'étude, la description des objets consommables; les moyens de constater leurs qualités, leur nature, leur valeur réelle ; les procédés de préparation, d'amélioration et de conservation des denrées, etc., contenant en outre la fabrication des liqueurs, le collage des vins, etc.; enfin les procédés de fabrication d'une foule de produits que l'on peut ajouter au commerce de l'épicerie, par le docteur Benestor LUNEL, membre de plusieurs sociétés savantes. 1 vol. de 256 pages.   2 fr.

Nous n'avons rien à ajouter aux titres de ces deux ouvrages qui indiqueront leur utilité. Nous devons seulement constater que le docteur Lunel a consciencieusement rempli le cadre qu'il s'était tracé.

50. Traité de la fabrication des **Liqueurs** françaises et étrangères sans distillation. 3ᵉ édition, augmentée de développements plus étendus, de nouvelles recettes pour la fabrication des liqueurs, du kirsch, du rhum, du bitter, la préparation et la bonification des eaux-de-vie et l'imitation de celles de Cognac, de différentes provenances, de la fabrication des si-

rops, etc., etc., par M. L.-F. Dubief, chimiste œnologue. 1 vol.,
288 pages.   4 fr.

Ce traité est formulé en termes clairs et familiers ; la personne la moins
expérimentée dans l'art du distillateur qui en lira attentivement les préceptes,
pourra sans autre guide devenir un bon fabricant après quelques essais.

60. **Essai et dosage des huiles** employées dans le commerce ou servant à l'alimentation, des savons et de la farine
de blé ; manuel pratique à l'usage des commerçants et des manufacturiers, par Cyrille Cailletet, pharmacien de première
classe, etc. 1 vol., 104 pages.   3 fr.

Ce guide décrit avec clarté des procédés nouveaux et pratiques pour découvrir la sophistication des huiles, pour l'analyse prompte des savons, et
pour l'essai commercial de la farine de blé. Les procédés de M. Cailletet
ont à leur tour subi la pierre de touche de l'expérience ; la Société industrielle de Mulhouse a couronné en 1857 et en 1859 le dosage des huiles mélan-
gées et celui des savons. La Société des arts, sciences et belles-lettres de
Paris a couronné en 1855, l'essai de la farine de blé.

Sous presse.

8. **Fabrication des vernis,** par M. Henry Violette, ancien
élève de l'École polytechnique, commissaire des poudres et
salpêtres, membre de plusieurs sociétés savantes. 1 vol., avec
figures dans le texte. (Pour paraître fin mai 1865.)

En préparation.

1 et 2. Tissage de toutes les matières textiles.
5. Teinturier et préparation
des matières tinctoriales.
6. Blanchiment.
7. Fabrication des couleurs.
10. L'Ouvrier mécanicien, ou
Mécanique de l'atelier.
11. Le Forgeron et l'Ouvrier
forgeron.
13. Menuisier.
14. Menuisier modeleur.
15. Ebéniste.
16. Tourneur en bois.
17. Sculpteur.
18. Tapissier, ameublement et
décoration.
19. Serrurier.
20. Ajusteur et tourneur en métaux.
21. Fondeur et mouleur.

22. Ferblantier.
24. Marqueteur.
25. Chaudronnier.
27. Horloger-mécanicien.
28. Graveur.
29. Luthier.
30. Brocheur, relieur et carton-
nier.
31. Conservation des bois.
32. Vitrification et fabrication
des glaces.
33. Fabrication de la porcelaine.
34. Fabrication de la faïence.
36. Peinture sur verre et sur
porcelaine.
37. Imprimeur-typographe.
38. Imprimeur-lithographe et
en taille-douce.
39. Charbonnage, coke, tourbe.
40. Fabrication du gaz.
41. Huiles

42. Fabrication des bougies et chandelles.
45. Fabrication des savons.
46. Meunerie et Boulangerie.
47. Saunier.
48. Amidonnier.
49. Cuisinier.
51. Sommelier.
52. Pâtissier.
53. Distillation.
54. Fabrication des bières.
55. Pharmacien.
56. Fabrication du sucre.
57. Raffinage.
58. Chocolatier, confiseur, etc.
59. Pharmacien-droguiste.
61. Instruments de précision.
62. Préparation et filature du chanvre et du lin.
63. Féculier.
64. Blanchissage et buanderie.
65. Naturaliste préparateur.
66. Herboriste.

SÉRIE H.

AGRICULTURE, JARDINAGE, HORTICULTURE, EAUX ET FORÊTS, — CULTURES INDUSTRIELLES, ANIMAUX DOMESTIQUES, APICULTURE, PISCICULTURE, ETC.

3. **Ingénieur agricole** (l'), hydraulique, dessèchement, irrigations, etc. ; suivi d'un appendice, contenant les lois, décrets, règlements et instructions ministérielles qui régissent ces matières, par Jules LAFFINEUR, ingénieur civil et agronome, membre de plusieurs Sociétés savantes, etc. 1 vol., 266 pages et 3 planches. 3 fr.

5. **Aménagement des animaux. Écuries et étables,** par Eugène GAYOT, membre de la Société impériale et centrale d'agriculture. 1 vol., 208 pages avec 64 figures dans le texte. 3 fr.

Aucun animal ne saurait être développé dans ses facultés natives, dans ses aptitudes propres, et produire activement dans le sens de ces dernières, si on ne le place dans les meilleures conditions d'alimentation, de logement, de multiplication. M. Gayot, avec l'autorité d'une longue expérience, a réuni dans ce guide les conditions générales d'établissement et les dispositions particulières aux diverses espèces d'animaux.

2ᵉ partie, **Porcheries et Poulaillers.** *Sous presse.*

8. **Drainage,** résultats d'observations et d'expériences pratiques faites par M. C.-E. KIELMANN, directeur de l'Ecole agricole de Haasenfeld (Prusse), et publiées à l'usage des agriculteurs français, par C. HOMBOURG. 1 vol., 104 pages avec figures dans le texte. 1 fr.

La plupart des ouvrages publiés sur le drainage sont le résultat d'études théoriques que l'expérience n'a pas encore sanctionnées. M. Kielmann est entré dans une autre voie ; il n'a eu recours à la théorie qu'autant que cela était nécessaire pour expliquer certains phénomènes. Comme il le dit dans sa préface : il voulait offrir à ceux qui commencent à s'occuper du drainage et même au simple paysan un manuel tel que le lecteur pût dire, après l'avoir parcouru : C'est facile à comprendre, désormais je pourrai travailler. — Ce but, le succès du *Guide pratique du drainage* le prouve, a été largement atteint.

9. Chimie agricole. Leçons familières sur les notions de chimie élémentaire utiles au cultivateur, et sur les opérations chimiques les plus nécessaires à la pratique agricole, par M. N. Basset, auteur de plusieurs ouvrages d'agriculture et de chimie appliquée. 1 vol., 336 pages avec figures dans le texte. 3 fr.

L'auteur, laissant de côté les grands mots et les formules scientifiques, a cherché, avant tout, à se rendre intelligible à tous. Dans une série de leçons familières, après avoir prouvé la nécessité de la chimie pour l'agriculture, il a successivement traité de l'analyse des sols, des amendements, de la composition des plantes, de celle des animaux, de quelques industries agricoles, etc. Des observations succinctes et des notions intéressantes sur divers sujets complètent cette *Chimie agricole*.

17. Éducation lucrative des Lapins, ou Traité de la race cuniculine, suivi de l'Art de mégisser leurs peaux et d'en confectionner des fourrures, par M. Mariot-Didieux, vétérinaire en premier attaché aux remontes de l'armée, membre de plusieurs sociétés savantes. 1 v., 162 p. 2 fr.

L'industrie de l'éducation de la race cuniculine est créée et elle marche vers le progrès. C'est dans le but de la voir se propager dans les campagnes comme une des industries peut-être les plus propres à tarir les sources du paupérisme et de la misère que l'auteur a publié cette nouvelle édition de son *Guide pratique* en l'enrichissant d'un grand nombre de données nouvelles. En résumé l'auteur démontre qu'aucune viande ne peut être produite à aussi bon marché que celle du lapin.

18. Éducation lucrative des Poules, ou Traité raisonné de Gallinoculture, par le même. 1 vol., 444 pages. 3 fr. 50

L'éducation, la multiplication et l'amélioration des animaux qui peuplent les basses-cours ont fait depuis une quinzaine d'années de notables progrès. Répondant à un besoin de l'économie domestique, l'auteur de ce guide pratique a voulu faire un traité complet de gallinoculture dans lequel, après des considérations historiques, anatomiques et physiologiques sur les poules, il décrit les caractères physiques et moraux de quarante-deux races, apprend à faire un choix parmi ces races si diverses, et indique les moyens de conservation et de multiplication des individus. Des chapitres spéciaux sont consacrés aux maladies, à la pharmacie gallinée, à la statistique des poules et des œufs de la France, etc.

19. Éducation lucrative des Oies et des Canards, par le même. 1 vol., 180 pages, avec de nombreuses figures dans le texte. 1 fr. 50

Ces deux monographies sont à la fois utiles, instructives et amusantes. L'auteur décrit les mœurs particulières de chaque espèce et indique le genre de nourriture favorable à leur multiplication, et propre à donner des bénéfices aux éleveurs. Toutes ces notions, parsemées de données historiques, d'anecdotes, de réflexions philosophiques, offrent une lecture des plus attrayantes.

20. Guide pratique du **Pisciculteur**, par M. Pierre CARBONNIER, pisciculteur, fabricant d'appareils à éclosion, membre de la section des poissons de la Société impériale d'acclimatation et de plusieurs Sociétés savantes, etc. 1 vol., 200 pages, avec nombreuses figures dans le texte.   **2 fr.**

Ce n'est pas comme un théoricien ou un savant systématique que M. Carbonnier se présente à ses lecteurs : ce sont les résultats pratiques qu'il a obtenus dans la *piscifacture* construite et exploitée par lui à Champigny qui lui donnent le droit d'indiquer les méthodes et les systèmes qui ont le mieux réussi, c'est-à-dire qui lui ont donné les résultats les plus profitables. Le *Traité de pisciculture* est suivi d'une notice sur les poissons d'eau douce qui vivent dans nos climats, leurs formes, leurs habitudes, enfin les particularités relatives à la culture artificielle de chacun d'eux. Un appendice est consacré aux *aquarium* d'appartement.

21. Guide pratique du **Chasseur médecin**, ou Traité complet sur les maladies du chien, par M. Francis CLATER, vétérinaire anglais ; traduit de l'anglais sur la 27e édition. 3e édition française, corrigée et augmentée, par M. MARIOT-DIDIEUX, vétérinaire en premier attaché aux remontes de l'armée, etc. 1 vol., 189 pages.   **2 fr.**

La mention que ce livre a eu en Angleterre vingt-sept éditions dispense de tout commentaire. Le guide que nous avons placé dans notre Bibliothèque en est la troisième édition française. M. Mariot-Didieux, le savant vétérinaire, en acceptant la révision de cette édition, s'est attaché à supprimer dans le texte original des formules trop compliquées, d'en simplifier d'autres et d'en ajouter de nouvelles. Ainsi entièrement refondu, l'ouvrage est véritablement un traité complet sur les maladies du chien, traité auquel un chapitre sur l'art de mégisser les peaux pour en faire des tapis, sert de complément.

25. **Apiculture** (culture des abeilles), cours professé au jardin du Luxembourg par M. HAMET, apiphile, directeur de l'Apiculteur et des conférences agricoles du Jardin d'acclimatation au bois de Boulogne, etc., etc. 1 vol., 528 pages et 106 figures dans le texte. 2e édit.; nouveau tirage.   **3 fr.**

Cet ouvrage est l'exposé des meilleures méthodes employées par les bons praticiens ; l'on n'y trouvera donc ni système personnel, ni invention de ruche exclusivement préconisée par l'auteur. Voici les titres généraux de ce guide : Connaissance ou histoire naturelle des abeilles; produits recueillis par elles; leur architecture; travaux et soins intérieurs; essaimage; réunion des essaims; maladie et ennemis des abeilles; des ruches; leur confection; du rucher; travaux à exécuter pendant le cours de l'année; manipulation des produits des abeilles.

28. Manuel pratique de **Culture maraîchère**, par M. COURTOIS-GÉRARD, marchand grainier, horticulteur. 4e édition, augmentée d'un grand nombre de figures et de plusieurs articles nouveaux. Ouvrage couronné d'une médaille d'or par la Société impériale et centrale d'agriculture, d'une grande médaille de vermeil par la Société impériale et centrale d'horticulture. 1 vol., 396 pages et figures dans le texte.   **3 fr. 50**

Outre les récompenses honorifiques qui viennent d'être mentionnées, l'auteur de ce manuel a obtenu une attestation qui garantit la valeur de son travail aux yeux du public, en même temps qu'elle constate l'exactitude de ses recherches et l'utilité des notions renfermées dans son ouvrage. Cette attestation émane de vingt-cinq jardiniers-maraîchers de la ville de Paris qui, après avoir entendu la lecture du travail de M. Courtois-Gérard, déclarent qu'ils lui donnent toute leur approbation, comme étant conforme aux bonnes méthodes de culture en usage parmi eux, et autorisent l'auteur à le publier sous leur patronage.

Cette nouvelle édition a été augmentée d'un chapitre sur la culture des porte-graines et d'un vocabulaire maraîcher.

38. Culture de l'Olivier, son fruit et son huile, par M. Joseph Reynaud (de Nîmes), négociant et manufacturier. 1 vol., 300 pages. 3 fr.

Ce livre est le fruit de trente-cinq années de durs travaux, de longues veilles, de nombreux voyages, de recherches patientes, de minutieuses expériences : aussi a-t-il été l'objet de nombreuses distinctions, et les procédés de M. J. Raynaud n'ont pas tardé à être pratiqués chez un grand nombre d'extracteurs d'huile.

Voici l'ordre des matières traitées dans ce guide : Origine, légendes, tradition de l'olivier; emploi, usages de ses produits; limites géographiques; description, culture, maladies; olives; comestibles; fabrication de l'huile; expériences diverses; statistiques.

L'ouvrage est terminé par des notes diverses sur l'agriculture.

41. Manuel pratique de Jardinage, contenant la manière de cultiver soi-même un jardin ou d'en diriger la culture, par M. Courtois-Gérard, marchand grainier, horticulteur. 6ᵉ édition. 1 vol., 596 pages et 1 planche. 3 fr. 50

Nous renvoyons à la note accompagnant le nº 28 (*Manuel de culture maraîchère*) pour les titres de M. Courtois-Gérard à la confiance publique. Dans le *Manuel du jardinier*, les jardiniers de profession trouveront des conseils, des détails nouveaux et des renseignements pratiques qu'ils peuvent ignorer; le propriétaire et l'amateur de jardin y puiseront des instructions précises et claires, qui leur éviteront toute espèce de méprises et d'erreur. Cette sixième édition a été considérablement augmentée.

47. Guide pratique de la Taille du rosier, sa culture, ses belles variétés, par Eugène Forney, professeur d'arboriculture à l'amphithéâtre de l'École de médecine, membre professeur de l'Association philotechnique, etc. 1 vol., 208 pages et figures dans le texte. 2 fr.

Ce guide est le résumé des leçons faites par l'auteur sur la taille du rosier à l'amphithéâtre de l'École de médecine, suivi d'un traité sur la culture de ce bel arbrisseau. Cet ouvrage, comme le dit M. Forney, est une œuvre de bonne foi, c'est-à-dire la recherche autant que possible du bon, du vrai et du simple. Comme tout amateur qui n'a pas possédé, aux débuts de l'étude sur la taille, cette routine qui trop souvent tient lieu de savoir-faire, il lui a suffi de se rappeler les difficultés des commencements pour chercher à les aplanir aux personnes étrangères à l'arboriculture. C'est le fruit des efforts de M. Forney pour arriver à la vulgarisation des bons procédés de taille que nous offrons au public.

48. Acclimatation des animaux domestiques. Étude des animaux destinés à l'acclimatation, la naturalisation et la domestication : Animaux domestiques, méthodes de perfectionnement, mammifères, oiseaux, poissons, insectes, vers à soie;

précédée de Considérations générales sur les climats, de l'Exposé des diverses classifications d'histoire naturelle, etc., pouvant servir de *Guide au Jardin d'acclimatation*, par M. le docteur B. LUNEL, ancien professeur d'histoire naturelle, membre de plusieurs Sociétés savantes. 1 vol., 188 pages, avec figures dans le texte. **2 fr.**

M. le docteur Lunel a résumé d'une manière concise dans ce guide les notions concernant l'acclimatation disséminées dans un grand nombre d'ouvrages volumineux. Ce livre sera consulté avec fruit par toutes les personnes qu'intéresse la grande question de l'acclimatation.

49. **Entomologie agricole**, et petit traité de la destruction des insectes nuisibles, par H. GOBIN. 1 vol., 279 pages, avec figures dans le texte. **3 fr.**

50. **L'Ostréiculteur** et procédés d'élevage et de multiplication des races marines comestibles, par M. Félix FRAICHE, professeur de sciences mathématiques et naturelles. 1 vol., 175 p., avec figures dans le texte. **3 fr.**

Par erreur ce volume porte sur la couverture le nº 52.

52. Richesse de l'agriculture. — Guide pratique de la **Vidange agricole**, à l'usage des agronomes, propriétaires et fermiers. Description de moyens faciles, économiques, salubres et pratiques, de recueillir, de désinfecter et d'employer utilement en agriculture l'engrais humain, par M. J.-H. TOUCHET, chef de service à la Compagnie Richer. 1 vol. de 88 p., avec figures dans le texte. **1 fr.**

Les pages de M. Touchet sont riches en enseignements : son guide, en ce qui concerne les vidanges et les différentes manières d'employer l'engrais humain, est le résumé des meilleures méthodes pratiquées actuellement. Les constructeurs, les entrepreneurs, les propriétaires, les fermiers y trouveront tous des indications utiles.

Sous presse.

1. **Éducation du cultivateur.** — Guide pratique des *Conférences agricoles*, par Louis GOSSIN, cultivateur, professeur d'agriculture dans l'Oise. (Pour paraître fin mai.)

53. Guide pratique d'**Analyse chimique** appliquée à l'agriculture. 1 vol., avec de nombreuses figures dans le texte. (Pour paraître fin septembre.)

56. **Physiologie végétale**, appliquée à l'agriculture et à l'horticulture, par M. Léon LEROLLES de Marseille. 1 vol., avec de nombreuses figures dans le texte. (Pour paraître fin juin.)

En préparation.

2. Agriculture élémentaire.
4. Constructions rurales.
6. Construction des serres.
7. Conduite et entretien des machines agricoles.
10. Fabrication, choix et emploi des engrais.
11. Guide des conférences agricoles.
12. Guide pratique de l'éleveur du cheval au point de vue de la production de l'élevage et de l'utilisation.
13. — des bœufs.
14. — des vaches laitières.
15. — des moutons.
16. — des porcs.
22. Élevage et entretien des oiseaux de volière.
23. Vétérinaire et maréchal-ferrant.
24. Le berger.
26. Sériciculture.
27. Animaux de basse-cour en général.

29. Fabrication du fromage.
30. Laiterie et fabrication du beurre.
31. Culture des céréales.
32. Culture des prairies naturelles.
33. Culture des prairies artificielles.
34. Défrichement des landes et des bruyères.
35. Culture du sorgho.
36. — du tabac.
37. — du mûrier.
39. — du houblon.
40. — de la vigne.
42. Culture de l'osier.
43. Culture du coton.
44. De la culture et de l'aménagement des forêts.
45. Tracé et ornementation des jardins. Nouvelle édition.
46. Jardinier-fleuriste.
51. Pépiniériste.
54. Plantes fourragères.
55. Hydraulique urbaine.

SÉRIE I.

ÉCONOMIE DOMESTIQUE, COMPTABILITÉ, LÉGISLATION, MÉLANGES.

1. Guide pratique de la **fabrication des vins factices** et des boissons vineuses en général, ou Manière de fabriquer soi-même les vins, cidres, poirés, bières, hydromels, piquettes et toutes sortes de boissons vineuses, par des procédés faciles, économiques et des plus hygiéniques, par M. L.-F. Dubief, chimiste, auteur de plusieurs ouvrages qui ont mérité les honneurs de la réimpression en France et à l'étranger. 1 v., 72 pages. 1 fr. 50

L'auteur a publié ce petit ouvrage, non-seulement pour venir en aide aux personnes économes, mais encore, et plus, pour celles dont l'économie est une nécessité. Si elles suivent les prescriptions qui y sont indiquées elles peuvent être assurées de bien fabriquer elles-mêmes et avec facilité toutes sortes de vins, bières, cidres, etc.

2. Guide pratique d'**Économie domestique**, publié sous forme

de dictionnaire, contenant des notions d'une application journa-
lière, chauffage, éclairage, blanchissage, dégraissage, préparation et conservation des substances alimentaires, boissons,
liqueurs de toutes sortes, cosmétiques, soins hygiéniques, médecine, pharmacie, etc., etc., par M. le docteur B. LUNEL, mé-
decin-chimiste, etc. 1 vol., 227 pages.   1 fr.

L'économie domestique, longtemps dédaignée, est élevée aujourd'hui au rang
de science. Le guide de M. le docteur Lunel, sous la forme commode de
dictionnaire, constitue une véritable encyclopédie de cette science nouvelle.

14. Guide pratique d'**Hygiène** et de **Médecine usuelle**,
complété par le traitement du choléra épidémique, par le docteur B. LUNEL, chimiste, membre des Académies impériales
des sciences de Caen, etc., ancien médecin commissionné pour
les épidémies, etc. 1 vol., 209 pages.   1 fr. 50

Ce livre ne s'adresse à aucune spécialité de lecteurs et convient à tout le
monde. Il se subdivise en hygiène privée et en hygiène publique. Dans la
première partie, l'auteur examine dans quelle mesure l'homme qui veut conserver sa santé doit, selon son âge, sa constitution et les circonstances dans
lesquelles il se trouve, user des choses qui l'environnent et de ses propres
facultés, soit pour ses besoins, soit pour ses plaisirs. Dans le second, il s'occupe de tout ce qui concerne la salubrité publique. Un chapitre spécial est
consacré à la médecine des accidents.

16. Manuel pratique d'**Ethnographie**, ou Description des races
humaines ; les différents peuples, leurs caractères naturels,
leurs caractères sociaux ; divisions et subdivisions des différentes races humaines, par M. J. D'OMALIUS D'HALLOY. 5e édition, 1 vol., 127 pages, avec 1 planche coloriée.   3 fr.

Après avoir exposé les principes généraux de l'ethnographie, l'auteur décrit les races, rameaux, familles et peuples que l'on distingue dans le genre
humain. Le *Manuel d'ethnographie* est terminé par des tableaux synoptiques
présentant les diverses divisions, avec l'indication approximative de la force
de chaque peuple et de la distribution des familles dans les cinq parties de la
terre. Cet ouvrage est accompagné de nombreuses notes dans lesquelles
l'auteur discute les diverses questions sur lesquelles il ne partage pas les
opinions de la plupart des ethnographes.

17. Guide pratique de **Sténographie**, par M. Charles TONDEUR.
23e édition. 1 volume.   1 fr.

Ce n'est point un système nouveau que M. Tondeur a voulu introduire,
c'est une méthode éclectique qui renferme en elle ce qu'il y a de plus
simple et de plus heureux dans tous les autres systèmes. La sténographie de
M. Tondeur est à sa *vingt-troisième* édition.

En préparation.

3. Comptabilité manufacturière   9. Géographie industrielle.
4.   —   agricole.   10. Choix d'une profession.
5. Législation industrielle.   11. Droit usuel.
6.   —   commerciale.   12. Personnel des chemins de
7.   —   agricole.   fer.
8. Géographie commerciale.   13. Créancier hypothécaire.

15. Économie industrielle.
18. Maires et adjoints.
19. Électricité médicale.
20. Pêcheur.
21. Conservation des substances
    alimentaires.

22. Chimie amusante.
23. Physique amusante.
24. Extinction des incendies,
    ou le Guide du sapeur pom-
    pier. (Nouvelle édition com-
    plétement refondue.)

MODE DE SOUSCRIPTION

à la Bibliothèque des Professions industrielles et agricoles.

Toutes les personnes qui désirent se procurer un ou plusieurs des ouvrages publiés sont priées de nous le faire savoir par la désignation du numéro de la série, et de nous en envoyer le montant par une valeur à vue sur Paris, ou un mandat sur la poste. Elles recevront en échange et *franco*, pour la France et l'Algérie, l'objet de leur demande par le retour du courrier.

Nous prions également les personnes qui pourraient s'intéresser à cette publication de nous désigner les ouvrages qu'elles désireraient acquérir parmi ceux qui ne sont pas encore imprimés; ce sera pour nous une indication précieuse pour l'ordre de publication à donner à ces différents volumes.

Nous ne recevons que les demandes ou communications qui nous parviennent par lettres affranchies.

L'Éditeur, EUGÈNE LACROIX.

AUTRES PUBLICATIONS

DE LA LIBRAIRIE SCIENTIFIQUE, INDUSTRIELLE ET AGRICOLE

Annales du Conservatoire impérial des arts et métiers, recueil de Mémoires et d'observations sur les sciences, l'industrie et l'agriculture; publiées par MM. les professeurs du Conservatoire; M. Ch. Laboulaye, directeur de la publication.

Les *Annales du Conservatoire* paraissent tous les trois mois, depuis le 1er juillet 1860, en cahiers de 12 à 15 feuilles in-8, avec gravures sur cuivre et sur bois.

Prix de l'abonnement et de chaque année parue, 16 francs par an.
Les numéros séparés, 5 francs.

Annales du Génie civil et recueil de Mémoires sur les mathématiques pures et appliquées, les ponts et chaussées, les routes
et chemins de fer, les constructions et la navigation maritime
et fluviale, l'architecture, des mines, la métallurgie, la chimie,
la physique, les arts mécaniques, l'économie industrielle, le
génie rural; revue descriptive de l'industrie française et étran-
gère; publiées par une réunion d'ingénieurs, d'architectes, de
professeurs et d'anciens élèves de l'École centrale et des Écoles
d'arts et métiers, avec le concours d'ingénieurs et de savants
étrangers.

Les *Annales du Génie civil* paraissent mensuellement depuis le 1er janvier
1862, par cahier de 4 à 5 feuilles grand in-8, avec figures dans le texte et 3 ou
4 planches in-fol.

Prix de l'abonnement, 20 francs par an. — Les numéros, pour l'année cou-
rante, se vendent séparément, 3 francs. Les années écoulées prises séparément, 25 francs.

Chaque année terminée forme un fort volume gr. in-8 d'environ 900 pages
avec figures dans le texte; il est accompagné d'un atlas de 40 planches in-4 et
in-fol. renfermé dans un carton.

LACROIX (Eugène). Bibliographie des ingénieurs, des architectes,
des chefs d'usines industrielles, des élèves des écoles polytechnique et professionnelles, et des agriculteurs.

La première série comprend tous les ouvrages remarquables
ou ceux dont la consultation est toujours nécessaire, publiés
avant 1857, époque à laquelle a commencé la publication pério-
dique de cette revue bibliographique.

La première série se composera d'un volume in-4° d'environ
800 pages, y compris une table méthodique des matières.
Tirage: 100 exemplaires. — Prix de souscription.   40 fr.

La deuxième série 1857-1861 publiée avec table alphabétique
par ordre de matières, et table alphabétique par noms d'auteurs. 186 pages.   3 fr.

Troisième série, 1862-1864. 2e tirage. 1 vol. in-8, 496 p. 2 fr.

La Science Pittoresque illustrée, ancien Musée des sciences, publication hebdomadaire. — Prix de l'abonnement à l'année :
Paris, 8 francs ; — départements, 10 francs.

Les abonnements partent du 1er mai 1865.

Ce journal, qui paraît régulièrement le vendredi, a commencé le 1er mai, la
dixième année de sa publication. *La Science pittoresque* reflète le mouvement scientifique et industriel de notre époque.

Prix de la collection brochée de la huitième année.......... 10 francs.
     —   —   de la neuvième année......... 10 —

Chacune de ces années forme un volume de plus de 600 pages in-4° avec de
nombreuses illustrations se rapportant aux sciences et à l'industrie.

La Science populaire, ou Revue du progrès des connaissances et
de leurs applications aux arts et à l'industrie, par M. J. Ram-
bosson. Trois années parues; chaque année forme 1 vol. in-12
d'environ 500 pages, nombreuses figures dans le texte. Prix
de l'année ou volume.   — 3 fr. 50

Carnet du Mécanicien de la marine.
Relié, 3 fr.

Carnet de l'Ingénieur, recueil de tables, de formules et de renseignements usuels et pratiques sur les sciences appliquées à l'industrie ; chimie, physique, mécanique, machines à vapeur, etc., à l'usage des ingénieurs-constructeurs, des architectes, des chefs d'usines industrielles, des mécaniciens, etc.; publié par les rédacteurs des *Annales du Génie civil,* avec la collaboration d'ingénieurs et de savants français et étrangers. 12e édition, corrigée et augmentée. Tirage de 1865. In-12, viii-290 pages. Paris, 3 fr.
Cartonné, 4 fr.
Relié en portefeuille, 6 fr.

Outre les livres de notre fonds, nous avons toujours un assortiment aussi complet que possible de toutes les publications qui intéressent MM. les Ingénieurs et Architectes, MM. les Chefs d'usines industrielles et d'exploitations agricoles, MM. les Élèves des Écoles polytechnique et professionnelles.

Nous envoyons notre Catalogue complet, 1 fort volume de 400 pages qui résume la connaissance de tous les principaux ouvrages publiés en France et en Belgique, contre la réception de 3 franc en timbres-poste.

Nous expédions, soit en France, soit à l'étranger, toutes les demandes accompagnées d'un mandat sur la poste ou d'un effet à vue sur Paris.

Nous imprimons, soit pour notre compte, soit pour le compte des auteurs, et nous recevons en dépôt tous les ouvrages de notre spécialité (sciences, industrie, architecture, beaux-arts, agriculture, etc.).

Nous publions tous les trois mois la Bibliographie de tous les ouvrages de sciences industrielles et d'agriculture imprimés en France et en Belgique, pendant le trimestre écoulé. Prix du numéro : 25 c.

PRÉFACE

Les Conférences ne sont pas précisé-
ment d'hier. Toutefois, leur croissance a
été si lente qu'elles sont encore à l'état
de nouveauté parmi nous.

Tout à coup mises en vogue dans les
grands centres de population, grâce aux
formalités dont on les a entourées, aux
entraves apportées à leur libre développement, elles ont été plus vite encore dé-

modées grâce à l'abus qu'on en a fait.

Intéresser, instruire, amuser des oisifs, les premiers-venus que le hasard pousse dans une salle, n'est pas si aisé qu'on pourrait croire. Les plus vaillants et les mieux disant, les plus spirituels et les plus autorisés peuvent y échouer. Les grandes réputations ne les affrontent pas sans hésitation.

Un auditoire composé, j'allais dire composite, indiscipliné, essentiellement impressionnable, laisse bien des incertitudes. Que sera-t-il? que fera-t-il ? Nul ne saurait le dire ou s'en faire une idée. La mobilité d'un public d'occasion n'est pas ce qu'il y a de moins redoutable au monde pour un orateur, voire pour le mieux préparé.

Voilà pour les Conférences en général. Leur utilité s'accroît des difficultés qu'elles présentent. Peut-être ne se généraliseront-elles pas autant qu'il serait nécessaire, mais elles ne périront pas. Le temps les naturalisera. Il y en aura toujours. L'expérience formera des orateurs spéciaux, l'expérience façonnera le public qui se partagera et n'ira plus que là où il sera sûr de trouver intérêt et satisfaction. L'œuvre en sera facilitée ; elle portera de meilleurs fruits.

C'est ainsi qu'elle s'imposera avant peu, j'en ai la conviction, aux concours régionaux de l'agriculture, et qu'elle fera bientôt après partie des programmes des comices départementaux ou cantonnaux. On en a essayé sur quelques points déjà avec un certain succès ; bon accueil lui a été fait ; l'avenir semble lui sourire. Pour moi, je né mets pas en doute qu'elle s'étende à tous les concours de quelque importance dont elle rehaussera encore l'incontestable utilité.

En l'absence de toute représentation active et sérieuse, l'agriculture ne saurait user d'un moyen plus efficace de faire entendre sa grande voix si peu écoutée jusqu'ici ; elle a pourtant bien des *desiderata* à formuler, bien des vœux à émettre, bien des réclamations à porter aux puissants de la terre.

Mais, au-dessous des grandes assises qui se forment en un centre quelconque d'une certaine étendue, il ne faut plus oublier, il ne faut pas négliger davantage la

commune, groupe modeste, aggloméra-
tion plus connue du percepteur que de
tout autre; division extrême, point isolé,
faible conséquemment, où les choses les
plus essentielles doivent finir par arriver
un jour.

Eh quoi! des Conférences au village?
Mon Dieu, oui, tout comme à la ville, et,
bien plus qu'à la ville, intimes, familières, fructueuses.

Voilà ce qu'a rêvé, — rêvé et réalisé avec
bonheur — un savant professeur d'agriculture, un homme de tête et de cœur, le
dévouement incarné à l'enseignement
rural, le missionnaire infatigable du progrès agricole, la morale en action, un
apôtre qu'aucune difficulté n'arrête ,
qu'aucune fatigue ne retient, qu'aucun

travail ne rebute, une voix sympathique qu'on vient écouter avec plaisir et qui puise sa force dans le succès.

Il est certain qu'on ne saurait parler au village comme on parle en pleine Sorbonne. Autres sont donc les Conférences destinées à ceux-ci ou à ceux-là, alors même qu'elles s'appliquent au même sujet. On sait déjà — plus ou moins — faire les grandes Conférences; on sait moins comment il faut s'y prendre pour réussir les autres, celles qui s'adressent à un auditoire d'élite dans un village, en un coin peu cultivé, où l'intelligence ne manque pas, au moins, mais où elle se montre plus positive que brillante.

Un modèle était nécessaire. On ne devait pas le chercher laborieusement dans l'imagination; il a été simplement emprunté à la pratique.

Grâce au zèle éclairé de plusieurs, dit M. L. Gossin, maires, instituteurs, prêtres, propriétaires, des soirées d'hiver ou Conférences agricoles ont pu être établies dans diverses communes du département de l'Oise. Suivies avec assiduité, elles ont fait un bien réel. Pourquoi ne pas les généraliser?

En parlant de la sorte, M. L. Gossin oublie de dire la part qu'il a eue dans les progrès de l'enseignement rural, dans l'Oise en particulier; il ne veut pas se rappeler qu'il en a été le principal et le plus fervent instigateur. Il lui était donc bien aisé d'écrire ce guide, un petit livre auquel nul autre n'aurait songé, que personne autre, je veux le dire, n'aurait eu le courage d'écrire en cette forme.

Eh bien! la forme elle-même était de rigueur ici où tout est vrai, où rien n'est fiction. Que ceux-là qui ne goûteraient pas les entours aillent droit au fond, et bientôt ils seront les amis, les propagateurs zélés, intéressés, allais-je dire, de ce guide-modèle en son genre.

Il aura tout le succès qu'il mérite.

Eᴜɢ. GAYOT.

GUIDE PRATIQUE

DES

CONFÉRENCES AGRICOLES

I

PREMIÈRE CONFÉRENCE

Objet des Conférences. — Tant vaut l'homme,
tant vaut la terre.

Un soir de novembre, je me promenais
près de Ch..., village peu éloigné de ma ré-
sidence. Comme j'approchais des premières
maisons, je fus accosté par un homme à
figure bourgeonnée, à nez rouge et proé-
minent.

— «Vous ne trouverez personne au logis,
me dit-il. Figurez-vous que le maire a eu

l'idée de réunir tous les gens de l'endroit pour leur jaser d'agriculture, comme si c'était avec des mots qu'on faisait pousser le blé. En attendant qu'on ait fini, venez chez moi. J'ai bon feu, bon vin.

— « Justement, lui dis-je, je voudrais voir ce qui va se passer dans cette réunion.

— « Je comprends, dit mon homme, vous êtes le commissaire de police nouvellement arrivé au pays. Allez-y donc. Quant à moi, Dieu m'en préserve !

— « Pourquoi ? lui dis-je.

— « Le chemin de fer avait déjà tué le commerce. Autrefois, je voyais s'arrêter tous les jours à ma porte plus de quarante rouliers. Puis, c'étaient des chevaux à ferrer, des harnais et des voitures à réparer. Chacun gagnait sa vie. Tout d'un coup... (*Il imite le sifflet du chemin de fer*) et cinquante personnes meurent de faim.

« Puis, ne voilà-t-il pas qu'on arrête tous ces pauvres vieux incapables de travail, qui demandaient çà et là un morceau de pain et se réconfortaient chez moi en passant ! Encore, le dimanche soir se réunissait-on pour causer d'affaires, en buvant honnêtement une choppe de bière ou un demi-litre. Que sera-ce si ces satanées conférences, comme on les appelle, viennent à s'établir? »

Je ris de la naïve colère de mon compagnon, et tandis qu'il franchissait sa porte surmontée d'une énorme touffe de buis, je me dirigeai vers la maison commune.

Il s'y trouvait dans la grande salle environ cent personnes. Sur l'estrade, je remarquai le curé, le maire, l'instituteur; près d'eux, un harmonium et un groupe de jeunes gens. Bientôt, ceux-ci se mirent à chanter :

> Amis, réunissons-nous;
> De la conférence, c'est l'heure !
> Au plus vite, accourons tous;
> Que chacun quitte sa demeure.

> Les soirs d'hiver sont trop longs au village;
> Comme à la ville, il n'est point de plaisirs;
> De la veillée on a perdu l'usage.
> Pour occuper sagement nos loisirs,
>   Amis, réunissons-nous, etc.

> On dormirait; pourquoi ne pas entendre
> Parler des grains, du bétail et des champs?

Chacun y donne et chacun y peut prendre ;
De cœur, amis, nous donnerons nos chants.

Amis, réunissons-nous, etc.

« Messieurs, dit le maire, tandis qu'à la ville les moyens d'instruction se multiplient, nous autres cultivateurs, nous vivons trop isolés. Aussi, ignorons-nous une foule de choses utiles ; et, faute de nous entendre, nous ne savons pas soutenir nos intérêts communs. Tout marche donc à la vapeur autour de nous ; quant à l'agriculture, elle avance, mais un peu trop à la manière des bœufs.

« Pour tâcher d'aller plus vite, passons ensemble, en hiver, nos soirées du dimanche. Là, que chacun apporte son contingent de faits et de réflexions ; il en résultera pour tous plaisir et profit. Si vous le voulez, nos conférences se diviseront en trois parties :

« 1° Partie agricole ; nous traiterons une question pratique de votre choix ;

« 2° Partie scientifique, pour laquelle je réclame le concours de notre digne instituteur ;

« 3° Partie littéraire, morale et religieuse. Ici, je fais appel à M. le curé et à l'habile président de notre Orphéon. Ces messieurs liront quelques vers, un morceau de littérature ou d'histoire; nos chanteurs nous égayeront par un peu de musique. Enfin, avant de se séparer, on chantera le *Magnificat*, ce cri de victoire que l'humanité doit répéter chaque fois qu'elle fait un pas dans la voie de progrès qu'a ouverte le Sauveur du monde. »

Les cris *très-bien, comptez sur nous*, partirent des quatre coins de la salle.

L'instituteur. — « Messieurs, votre expérience vous donne en agriculture une autorité devant laquelle je devrais m'effacer. Toutefois, puisque M. le maire le désire, lorsque telle question traitée par vous aura quelque rapport avec les cours de sciences que j'ai suivis autrefois, je n'hésiterai pas à vous faire part du peu que je sais. (*Très-bien.*)

« De plus, je demanderai à mes anciens élèves d'appliquer à l'agriculture, par la solution de divers problèmes, les principales règles de l'arithmétique et de la géométrie.

Le maire. — « Ce sera très-utile.

Le curé. — « Vous allez donc, mes enfants, vous occuper de l'amélioration de vos instruments, de vos engrais, de vos semences, etc. Combien j'applaudis à cette bonne pensée ! Du reste, dans l'intérêt même de vos terres, j'aperçois un progrès encore plus essentiel ; c'est le vôtre.

« Au-dessus de la charrue, du bœuf, de l'engrais, n'êtes-vous pas là, pères et mères, directeurs nés de la ferme ; chers enfants, aides paternels de vos parents ; serviteurs et ouvriers aux soins vigilants, aux bras laborieux ?

« Cette partie intelligente de la machine agricole, n'en est-elle pas le grand ressort, pièce capitale de la qualité de laquelle tout dépend ? Fortifiez-le, mes amis, ce ressort ; purgez-le de la rouille, c'est-à-dire de toute espèce de vice ; mettez-y l'huile de la vertu. En un mot, *devenez parfaits comme votre Père céleste est parfait*. Alors, de votre perfection découlera, comme d'une source intarissable, celle de vos animaux, de vos instruments, de vos semences ; et la fécondité de vos terres justifiera l'antique adage :

« *Tant vaut l'homme, tant vaut la terre.* »

Après ces paroles, religieusement écoutées, l'instituteur, sur l'invitation du maire, lut une des anecdotes les plus pittoresques de Jacques Bujault ; puis le chant du *Magnificat* se fit entendre, et chacun se retira en se promettant de revenir le dimanche suivant.

II

DEUXIÈME CONFÉRENCE

Terrains tenaces et sans calcaire ; chaux,
marne ; chemins ; dignité du travail ; le
laboureur en hiver.

Les chanteurs ouvrirent la séance par un
morceau tiré du recueil de Delcasso. L'instituteur donna lecture du procès-verbal de
la dernière réunion. Il appela au tableau
quelques jeunes gens, et leur fit résoudre
divers problèmes d'arithmétique sur la manière de régler l'épaisseur des semailles à la
volée. Puis, la discussion suivante s'établit :

Le maire. — « Messieurs, pour obtenir un
progrès sérieux, le premier point, ce me

semble, est de corriger les défauts du sol ; or, j'aperçois dans nos champs quatre vices principaux : ténacité, absence de calcaire, maigreur, humidité. »

Un assistant. — « Ne me parlez pas de la culture des terres difficiles. J'ai mis en pré et en plantations forestières tout ce que j'en avais. Sans frais, j'en tire maintenant bon produit. »

Un autre. — « Moi, je les laboure avant l'hiver. Au printemps, elles tombent en cendre. »

Le maire. — « En Flandre, c'est surtout avec de la chaux qu'on en corrige la ténacité. Les cultivateurs la font eux-mêmes dans des fours à feu continu. Ils en mettent, par hectare, 40 à 50 mètres cubes. Après quoi, la terre est beaucoup plus facile à travailler. »

L'instituteur. — « D'après ce qu'on nous disait à l'École normale, la chaux serait partout un principe nécessaire de fécondité, et voici comme on l'expliquait :

« Cette substance entre dans la composition des os des animaux; il faut donc que les pailles, fourrages, grains, légumes et autres aliments produits par le sol en renferment quelque peu. Or, ce peu, les végétaux ne peuvent eux-mêmes le tirer d'une autre source que du sol. Dès lors, le champ qui n'en renferme pas a très-peu de disposition à porter ce qui peut nourrir l'homme et le bétail. »

Un assistant. — « Au simple examen de la terre, peut-on reconnaître s'il s'y trouve de la chaux ? »

L'instituteur. — « Très-facilement : on met dans un verre avec un peu d'eau quelques parcelles de la terre qu'on veut essayer. Un quart d'heure après, on y verse du vinaigre fort ou tout autre acide. S'il se produit alors un bouillonnement analogue à celui du vin de Champagne, c'est que la terre renferme la substance dite *calcaire,* qui elle-même contient de la chaux. »

L'assistant. — « Que pensez-vous, M. l'instituteur, de la terre dont voici un morceau ?»

L'instituteur fait l'essai ci-dessus indiqué

et dit : « Vous ne remarquez, messieurs, aucun bouillonnement. J'en conclus que cette terre est privée de calcaire; par suite, impropre à la luzerne, au sainfoin, et sans doute de faible qualité pour tout le reste. »

L'assistant. — « En vérité, M. l'instituteur, vous ne vous trompez pas. Que faire pour l'améliorer? »

L'instituteur. — « Y mettre de la chaux, comme disait à l'instant M. le maire, ou bien de la marne; car la marne, dont il existe plusieurs sortes, n'est autre chose qu'un mélange d'argile et de calcaire. Les marnes se reconnaissent elles-mêmes à deux caractères : effervescence avec l'acide, disposition à se diviser par l'effet de l'humidité. »

Un assistant. — « Je n'ai jamais ouï-dire qu'il y en eût dans ce pays-ci. »

L'instituteur. — « C'est une erreur : toute la côte du Pâquis en est composée. Vous souvenez-vous, M. Simon, que l'année dernière me trouvant avec vous à cet endroit, j'ai pris plein mon chapeau de la matière

blanche qu'on voit au fond des fossés, qu'ensuite je l'ai répandue dans un de vos champs
de blé ; que nous avons marqué la place, et
que le froment y est devenu plus beau qu'ailleurs ? »

Un assistant. — « C'est vrai. Aussi, j'en aurais déjà mis sur plusieurs de mes terres ;
mais quel affreux chemin pour y aller ! »

Le maire. — « Ne vous ai-je pas répété
cent fois, mes amis, que de bons chemins
quadruplent la valeur des propriétés par la
facilité d'exploitation qui en résulte ?

« Au sujet de cette fondrière, décidons
un jour de corvée pour la semaine prochaine.
Ensuite, le chemin sera praticable, et nous
pourrons charroyer la marne. » (*Tout le
monde applaudit.*)

Le curé. — « Je veux moi-même parti-
ciper à ce travail ; mais comme j'ai la messe
à dire, puis les malades à visiter, ce sera
seulement l'après-midi que j'irai casser la
pierre avec vous. »

Un assistant. — « Nous ne souffrirons pas
que notre curé se fatigue ainsi. »

Le curé. — « Ne me voyez-vous pas tous les jours bêcher mon jardin et tailler mes arbres? J'y transpire quelquefois; mais cet exercice me procure la force et la santé.

« L'homme qui travaille répand sur terre, avec l'eau qui coule de son front, l'inquiétude, la peine, l'ennui. Il ne pense pas à mal faire ; car la fatigue du corps est un des plus sûrs préservatifs des misères de l'âme.

« Pendant vingt années de sa vie, le divin Sauveur, simple artisan, gagnait sa vie par un labeur assidu.

« *Nous n'avons mangé gratuitement le pain de personne,* disait saint Paul ; *mais c'est par un travail pénible de la nuit et du jour que nous l'avons obtenu pour n'être à charge à nul de vous.*

« Ces exemples de N.-S. Jésus-Christ et des apôtres ont toujours été en honneur dans notre sainte Église. Les Pères les plus illustres participaient, dans leurs monastères, aux ouvrages les plus durs.

« A une époque où ce pays-ci était presque sauvage, je vois un grand nombre de chrétiens courageux se retirer au milieu des bois, des marais, des montagnes. La pioche à la main, ils défrichent la terre en chantant les louanges de Dieu. C'est ainsi qu'une grande partie de l'Europe a été livrée à la culture.

« Le travail crée la richesse. La richesse à son tour fait abandonner le travail. Voilà la décadence de tout en ce monde, et en particulier de plusieurs de ces monastères. Mais si les choses humaines passent, les exemples de notre divin Sauveur ne passent pas ; et c'est de mon devoir de prêtre de m'y conformer autant que je le puis. Laissez-moi donc prendre ma part de l'excellent ouvrage que vous projetez. »

Un murmure approbateur se fit entendre. Après un chœur de musique, l'instituteur fit une lecture tirée de *la Terre et des Mers*, par Figuier ; puis, sur l'invitation du maire, le jeune directeur de l'Orphéon récita les vers suivants, et l'on se sépara après le chant habituel.

LE LABOUREUR EN HIVER

Des soins d'hiver que vais-je dire ?
Je suis glacé par les frimas.
Je sens que mon esprit expire.
Oh ! que mon baromètre est bas !

Mais pour dresser des inventaires,
Est-il besoin de tant d'esprit ?
Vite ! de l'ordre en mes affaires.
Que tout ici soit en écrit.

Combien valez-vous de pistoles,
Forts laboureurs, *Rouget*, *Noireau ?*
Et toi dont mes filles sont folles,
Ma chère *Bonnette* et son veau ?

Et vous brebis et vous volailles,
Mouches à miel et don pourceau,
Grains, légumes, fourrages, pailles,
Herses, voitures, tombereau ?

Sur l'addition que j'ai faite,
Premier janvier soixante-trois,
Eh ! d'une somme rondelette,
Ce compte l'emporte, je crois.

D'où proviendrait ce bénéfice ?
Est-ce du bétail ou des champs ?
Je le saurai sans maléfice.
Pour tout, comptons frais et dépens.

Eh ! quoi? Ce serait le fourrage
Qui me rapporterait le plus?
Certes, j'en sème davantage,
Afin d'embourser plus d'écus.

Au fond de ce vase où tu plantes,
Chère fille, avec tant d'amour,
Des fleurs aux teintes ravissantes,
Pourquoi ce trou, pourquoi ce jour?

Je te le dis : à ce qu'on sème
Il faut de l'air, il faut de l'eau.
Petit trou résout le problème.
Tel, dans nos champs fait le tuyau.

Alerte donc, bêcheur habile!
Le gain vaut mieux que le repos.
Draine-moi cette humide argile;
J'ai quelque pistole en dépôt.

Qu'aucune eau ne dorme sous terre.
Mes enfants, c'est la mort du blé.
Mais aussi, jusque sur la pierre,
L'eau qui coule ferait un pré.

Cependant, aussitôt qu'il gèle,
Je veux qu'à sec soient les gazons.
Plus d'eaux au pré. En main la pelle.
Allons à la marne, et chargeons.

Portons au chemin cette pierre,
Qu'en été maudit le faucheur.
Sur nos prés, pas de taupinière,
Pas de buisson, pas de hauteur.

De ce verger gratte la mousse :
Mon fils, enlève le bois mort.
Afin qu'en été l'arbre pousse.
En hiver cultive-le fort.

Visite les greniers, la grange ;
Que le battage marche dur ;
Qu'on jette au fumier cette fange ;
Que près du logis tout soit pur.

Quant à moi, sans payer finance,
Je réparerai ce collier.
Mauvais laboureur ! Je dépense !
Sois un peu charron, bourrelier.

Par trop de chaud, trop de froidure,
Légumes verts périraient tous.
Collier fermé si le froid dure ;
Silo découvert en temps doux.

J'en dis autant pour l'écurie,
N'y faut pas de froid, mais de l'air ;
L'air, des animaux c'est la vie,
Et cependant je crains l'hiver.

Je le crains pour la poulinière
Qui va déposer son fardeau.
Je le crains pour vache laitière,
Pour brebis et pour tendre agneau.

Je le redoute plus encore
Pour la veuve et pour l'orphelin.
Ma femme, dès avant l'aurore,
Va leur porter du bois, du pain.

Oh ciel! le fumier se consume!
Serrez, arrosez. Tant de jus
Qui sort, tant de vapeur qui fume,
C'est le plus clair de mes écus.

L'indolent dit : Prenons haleine;
En hiver pourquoi tant de soins?
Vous, chers enfants, aimez la peine;
C'est le fonds qui manque le moins.

III

TROISIÈME CONFÉRENCE

Fumier. — Théorie et pratique agricoles. —
Chercher Dieu et sa justice.

Le dimanche suivant, la réunion était si
nombreuse que j'eus peine à me placer.
Après les chants d'usage, la lecture du procès-verbal et les exercices d'arithmétique :

— « Messieurs, dit le maire, merci de
votre empressement à répondre à mon appel.
Voilà notre chemin praticable. Déjà, plusieurs d'entre vous en profitent pour charroyer la marne.

« Du reste on l'a dit, et ne l'oubliez pas :
la marne ne peut remplacer le fumier. »

Un assistant. — « Le fumier sera toujours le trésor du laboureur. »

Le maire. — « Ce trésor ! On le laisse cependant bien à l'abandon ! On ne sait donc pas que, lorsqu'on jette ainsi le fumier dans la cour sans aucun soin, le meilleur se trouve entraîné par les eaux et enlevé par le vent ! M. l'instituteur va nous donner à cet égard quelques explications. »

L'instituteur. — « Très-volontiers. Remarquez, Messieurs, que si l'eau et tant d'autres corps peuvent exister sous trois états, solide, liquide et vapeur, il en est de même du fumier. Tel que nous le prenons à la fourche, le voilà solide. Liquide, ce sont les jus noirs qui sortent des tas. Quant au fumier sous forme de vapeur, on ne l'aperçoit que trop, lorsque les tas fument, sans parler de ce qu'on ne voit pas. Or, la plupart ne considèrent le fumier que sous forme solide, sans songer que le meilleur peut se perdre tant en liquide qu'en vapeur. »

Un assistant. — « Autrefois, ma place à fumier recevait toutes les eaux des terrains environnants. A la moindre pluie, il sortait de ma cour de véritables rivières de jus tout noir. Par une rigole, j'ai détourné ces eaux. Puis, j'ai creusé la place en forme de vaste cuvette, et tout auprès j'ai établi une cavité dans laquelle se rendent les jus. Ceux-ci, je les rejette chaque jour sur le tas avec une pelle à vider les bateaux. Chaque jour, au moment d'atteler, je fais piétiner le fumier par mes chevaux. En été, j'y fais coucher les vaches. »

Le maire. — « J'en entends qui disent : C'est bien de la besogne. Eh quoi ! n'allons-nous pas à une distance souvent éloignée pour protéger quelques mètres de terre contre le passage des voitures, et dans notre cour même, nous ne ferions pas ce qu'il faut pour conserver la première de nos richesses !

« En ma qualité de maire, je vais plus loin ; ces eaux noires qui croupissent partout, sont très-malsaines. De nombreuses fièvres typhoïdes l'ont prouvé. Aussi, M. le préfet vient de m'adresser, à cet égard, des instructions formelles. Pour nous y conformer, il faudra qu'à l'avenir chacun recueille ses jus de fumier, sans les laisser s'écouler sur la voie publique. »

Un assistant. — « Comment ! on nous forcerait de changer des dispositions qui existent de tout temps ! »

Le curé. — « Si l'on se rendait compte des pertes qu'il s'agit de prévenir, personne ne résisterait. Je prie donc M. l'instituteur de compléter, sur la nature du fumier, ce qu'il avait si bien commencé tout à l'heure.»

L'instituteur. — « Les plantes, ainsi que le fumier, se composent d'un petit nombre de corps premiers ou élémentaires qu'au moyen d'opérations chimiques on peut séparer.

« Ce sont d'abord l'*Oxygène*, l'*Hydrogène*, le *Carbone*, l'*Azote*.

« L'*Oxygène* est un gaz, c'est-à-dire une substance légère et élastique de la nature de l'air. L'air lui-même en renferme une forte proportion. Combiné avec d'autres corps, l'Oxygène forme une multitude de substances. L'eau, la terre, presque tous les minéraux en contiennent. C'est l'oxygène que les animaux tirent de l'air par la respiration, et c'est aussi ce gaz qui, en se combinant avec les éléments des corps inflammables, détermine la chaleur et la lumière du feu.

« Voyez ce flacon qui paraît vide; par une opération chimique, je l'ai rempli d'Oxygène. J'y plonge une allumette presqu'éteinte. Comme elle se rallume ! comme elle brûle avec vivacité ! (*Tout le monde applaudit.*)

« L'*Hydrogène* est le gaz léger avec lequel on gonfle les ballons et qui sert à l'éclairage des villes. Le flacon que je vous présente en est plein. J'approche du goulot cette bougie. Voyez quelle flamme bleuâtre sort du flacon ! C'est l'Hydrogène qui brûle, en d'autres termes c'est l'Oxygène de l'air qui se combine avec lui.

« L'eau n'est autre chose que le résultat de cette combinaison.

« Le *Carbone* est la substance du charbon. Lorsque dans le fourneau de la cuisine le charbon s'use et disparaît à force de brûler, c'est que le carbone se combine avec l'Oxygène de l'air en formant un gaz invisible,

l'Acide carbonique, qui se répand dans l'atmosphère.

« Très-dangereux pour les animaux qui
le respirent, ce gaz se produit par suite des
fermentations, des décompositions végétales
et animales. C'est lui qui se dégage des fours
à chaux et des cuves à vin. Tous les animaux l'exhalent dans l'acte de la respiration. Aussi, l'atmosphère en renferme un
peu, et même cet Acide carbonique de l'air
est indispensable aux plantes, qui l'absorbent par les feuilles.

« Ce même gaz se forme dans le sol par
la décomposition des débris végétaux et animaux. Là, il se trouve en partie retenu par
l'humidité terrestre qui en devient plus favorable à la végétation.

« L'*Azote* est un gaz impropre à la respiration des animaux. Dans l'air, il se trouve
mêlé avec l'Oxygène dont il modère les effets.
Du reste, il ne semble pas que cet Azote de
l'air soit directement absorbé par la plupart
des plantes. Ce que celles-ci en contiennent
paraît provenir surtout des *substances ammo-*

niacales et des *sels nitreux*. Vous connaissez l'odeur des fumiers de bergerie ? »

Un assistant. — « Je le crois : c'est à faire pleurer. »

L'instituteur. — « Eh ! bien ! cette odeur vient du dégagement d'un gaz, composé d'Hydrogène et d'Azote, que l'on appelle *Ammoniaque*. Combiné avec l'Acide carbonique, l'Ammoniaque forme un sel que voici et qui s'évapore très-facilement par la chaleur. J'en mets quelques parcelles sur cette pelle à feu. Voyez ! tout disparaît.

« Il se forme dans les fumiers quantité d'Ammoniaque et de sel-ammoniac, et ces substances en sont une des parties les plus précieuses.

« Les sels nitreux qui procurent encore de l'Azote aux plantes, se produisent au contact de l'air et des substances alcalines, telles que la Chaux, la Potasse, la Soude ; et cette formation est favorisée par la présence des matières ammoniacales. Ainsi, les fumiers mélangés de Chaux et de terre, se chargent bientôt de sels nitreux. D'un autre côté, dans les champs calcaires ou marnés, les sels nitreux se produisent d'eux-mêmes, surtout lorsqu'on y a porté beaucoup de bon engrais.

« Maintenant, Messieurs, vous vous rendez compte de la perte que subissent les fumiers lorsqu'ils sont lavés par les pluies et lorsque, fermentant avec trop d'activité, ils exhalent des vapeurs abondantes.

« A cause de leur nature soluble, les sels nitreux et ammoniacaux sont entraînés par les jus noircis : première perte. Quant aux vapeurs, elles sont chargées d'Ammoniaque : seconde perte. De plus, elles contiennent beaucoup d'Acide carbonique qui aurait dû plus tard se former dans le sol : troisième perte.

« La présence de l'air et la chaleur activent toutes les fermentations. Comme celle du fumier doit être très-modérée, voilà pourquoi il convient de le serrer, de l'arroser, de le mettre à l'ombre.

« Quant aux poussières tourbeuses, aux matières sulfureuses, telles que le plâtre, elles sont utiles à mêler avec le fumier, les unes parce qu'elles absorbent l'Ammoniaque, les autres parce qu'elles le convertissent en un sel (le *Sulfate d'ammoniaque*) qui ne peut pas s'évaporer. »

Le maire. — « Courage, monsieur l'instituteur. Autrefois j'entendais dire : On en sait toujours assez pour être cultivateur. Convenons aujourd'hui qu'on ne peut en savoir trop pour bien cultiver. »

Un assistant. — « S'il en est ainsi, pourquoi donc sont-ce presque toujours les savants qui s'enfoncent en culture, tandis que les ignorants ramassent quelques sous ? »

Un autre. — « C'est un peu vrai. »

Le premier. — « Vous souvenez-vous du monsieur de Paris qui faisait valoir la ferme du château ? Il nous appelait des routiniers, des arriérés, des têtes de mulet. Il se moquait de nos charrues. Je vois encore sous sa remise trente-six mécaniques qui ne marchaient jamais. Au lieu de blé, de seigle et d'avoine, il semait de la spergule et autres plantes à nom inconnu. Il fit venir d'Écosse des vaches noires sans cornes et des moutons à tête brune. Aux concours du comice, il n'y avait de médailles que pour ce monsieur, ce qui ne l'a pas empêché un beau jour de perdre l'équilibre. Les juifs s'empressèrent de venir à son aide. Mais ce secours lui fit le même effet que le coup d'eau-de-vie qu'on donne à un homme qui commence déjà à faire des zigzags. Voilà mon savant par terre, et ce sont les routiniers, nous autres, qui avons acheté ses champs en dandinant la tête. » (*On rit.*)

Le maire. — « Eh ! messieurs, faut-il rendre la science responsable des applications fausses que des étourdis en peuvent faire ?

« En agriculture, il y aura toujours *théorie et pratique*. La théorie, c'est l'idée; la pratique, c'est l'exécution. Celui qui crie le plus contre la théorie a donc aussi sa théorie.

« Éclairons cette dernière par la science et le raisonnement. Mais restons à la fois de bons praticiens, adroits dans chaque opération, attentifs à tous les détails, travailleurs énergiques. »

Le curé. — « Surtout, mes enfants, que

l'homme de la science et l'homme du travail ne se taquinent pas. En leur donnant des aptitudes différentes, Dieu veut qu'ils s'entendent et qu'ils soient unis. C'est ainsi qu'ils se complètent mutuellement et que chacun double sa valeur.

« N'oubliez pas non plus qu'au-dessus de ces deux grandes forces, l'une intelligente, l'autre agissante, il en existe une troisième, celle de la vertu.

« Combien de revers agricoles, attribués à des théories hasardées, n'avaient en réalité d'autre cause que l'inconduite et l'impiété du père de famille !

« *La terre se trouble*, s'écriait Salomon, *des désordres du cultivateur*. Au contraire, les champs sont en fête lorsqu'on les travaille avec des mains pures et vertueuses.

« *Cherchez Dieu et sa justice*, mes en« fants, *et le reste vous sera donné comme*
« *par surcroît.* »

Ces mots furent suivis d'une lecture tirée des œuvres choisies de Buffon, et le chant habituel termina la soirée.

2.

IV

QUATRIÈME CONFÉRENCE

Plus on veut avoir et moins on a. — Nourriture et logement du bétail. — Un bon propriétaire. — Constructions rurales. — Le laboureur au printemps.

Le dimanche suivant, même affluence. Je reconnus le vétérinaire du canton et M. Larivière, l'un des principaux propriétaires du pays.

Après les premiers exercices d'usage, le maire s'exprima ainsi : « Messieurs, j'ai constaté avec plaisir que plusieurs d'entre vous améliorent déjà leur place à fumier et que les rues du village ne reçoivent plus autant de jus noircis. La question que nous avons traitée conduit à une autre : Comment produire beaucoup de fumier? comment l'obtenir à bon compte? »

Un assistant. — « C'est bien simple; pour faire beaucoup de fumier, il faut récolter beaucoup de fourrage et nourrir beaucoup de bétail. »

Un autre. — « Et pour l'obtenir à bon compte, il faut parfaitement entretenir ses animaux, afin d'en tirer plus de viande, plus de lait, plus de laine, etc. Le fumier qu'on a en sus coûte d'autant moins. »

Le maire. — « Puisque personne n'ignore ces vérités, comment récoltons-nous si peu de fourrage? et pourquoi notre bétail est-il, en général, si faiblement nourri?

« Je crois pouvoir vous l'expliquer.

« Chacun veut gagner trop et trop vite. Avant que le trèfle ou la luzerne deviennent écus sonnants par la vente des bestiaux, il se passe souvent plusieurs années, et même ce fourrage retourne en partie dans la terre sous forme de fumier, qui ne se convertit en récolte que plusieurs mois après. Cela ne nous va pas, c'est trop lent.

« Au contraire, voilà du blé, de l'orge, du colza. — Aussitôt récolté, se dit-on, aussitôt vendu, et je reviens du marché le gousset rempli, un petit verre dans l'estomac et le cœur content.

« Malheureux, tu ne réfléchis donc pas que, si tu avais commencé par cultiver plus de fourrage, avec plus de produit en bétail, tu te trouverais avoir ce blé, cette orge, ce colza, et même toutes ces récoltes plus abondantes ; car tu aurais commencé par avoir plus de fumier, et c'est le fumier qui fait la récolte.

« Il suffisait d'attendre un peu et de sacrifier, pour l'avenir, quelques parcelles du présent. »

Un assistant. — « C'est facile à dire ; mais lorsqu'il faut payer le propriétaire, celui-ci n'attend pas, et si le quibus n'est pas prêt... »

Le maire. — « Je réponds : n'entreprends, en culture, que ce que tu as le moyen de bien traiter. Les petites récoltes, voilà ce qui ruine. Mais nous avons tous plus grands yeux que grand ventre.

« Sur dix hectares nous croyons avoir plus de profit que sur cinq, et, souvent, avec nos moyens d'engrais, cinq hectares nous produiraient plus que dix. De même, de dix vaches nous nous figurons tirer le double plus de lait que de cinq, et si nous donnions aux cinq la nourriture des dix, la vacherie, ainsi réduite, nous rapporterait parfois davantage.

« L'usurier suce au malheureux ce qu'il ne lui a pas donné. Mais vouloir faire l'usure aux animaux et à la terre, c'est folie. Et cependant voilà ce que nous essayons tous les jours, lorsqu'avec des fumures et une nourriture de rien, nous exigeons force blé de la terre, force lait des vaches, force travail des pauvres bœufs.

« Considérez une procession : en tête la croix, ensuite les bannières, puis les chantres, et à la queue, M. le curé. De même en agriculture : d'abord fourrage, ensuite bétail, puis fumier, puis blé. Tel est l'ordre, ne le changeons pas. »

Un assistant. — « Pour qu'une procession s'étende, il faut de l'espace. Pour faire ce que dit M. le maire, il faut du temps ; or, c'est le temps qui nous manque, à nous fermiers avec bail de trois, six ou neuf.

« Je sème luzerne et sainfoin, je fais du fumier, j'améliore. Demain, on offre au propriétaire une enchère sur mon bail. L'enchère est acceptée et je suis à la porte. »

M. Larivière. — « Messieurs, tout mon désir est d'assurer votre prospérité ; j'accorderai donc des prolongations à ceux d'entre vous qui afferment mes terres, pourvu que, de leur côté, ils sèment plus de plantes fourragères et qu'ils nourrissent plus de bétail. »

Un assistant. — « Vous augmenterez donc aussi nos étables ? »

« *M. Larivière.* — « Sans doute, à mesure des besoins. »

Le vétérinaire. — « A ce sujet, permettez-moi de vous rappeler, Messieurs, que le bé-

tail vit non-seulement de fourrage, mais encore d'air. La nourriture coûte, mais l'air
ne coûte rien. Pourquoi donc en êtes-vous
si avares? Lorsque j'entre en été dans vos
écuries, c'est un supplice pour moi, tant
l'atmosphère en est corrompue.

« Un cheval de taille ordinaire absorbe en
vingt-quatre heures 5270 litres d'oxygène,
dégage une égale quantité d'acide carbonique et fait entrer dans ses poumons
125 mètres cubes d'air qui en altèrent cinq
fois plus. Jugez par là de l'insalubrité de vos
étables basses, étroites, avec lucarnes qui
ressemblent à des soupiraux de cave. La
plupart des maladies qui affectent trop souvent vos animaux, n'ont pas d'autre cause.

« De l'air, Messieurs, de l'air. »

L'instituteur. — « A l'appui de ceci, faisons une expérience. Paul, donne-moi l'oiseau que tu tiens. Voyez, je le mets sous ce
bocal renversé sur une assiette où se trouve
un peu d'eau destinée à empêcher toute
communication avec l'air extérieur. »

L'enfant qui a donné l'oiseau. — « Oh!

comme la pauvre bête se débat ! Père, ren-
dez-le moi, je vous prie. »

L'instituteur. — « Dans un instant. A mesure que le séjour de l'oiseau se prolonge,
remarquez, Messieurs, comme ses mouve-
ments deviennent moins vifs. C'est que l'air
altéré par la respiration de la petite bête,
se trouve moins pur. »

Paul. — « Quel malheur ! Il ne remue
plus. »

L'instituteur. — « Prends-le maintenant.
L'air va lui rendre la vie. »

Paul, après avoir repris l'oiseau. — « Il
agite les ailes. Ah ! le voilà sauvé. »

L'instituteur. — « Par rapport à nos bâtiments de ferme, permettez-moi, Messieurs,
une autre réflexion. (Il trace sur le tableau
une figure cubique.) Supposez que ce solide
ait un mètre carré sur chaque face ; il offre
un mètre cube de capacité intérieure et cinq
mètres carrés de superficie par le dessus et
les côtés.

« Doublez-en maintenant les dimensions
en tous sens ; sa capacité sera de huit mètres

cubes, et sa surface, par le dessus et les côtés, de vingt mètres carrés. Il aura donc huit fois plus de capacité que dans le premier cas, bien qu'il n'ait que quatre fois plus de surface. Ceci prouve que, plus les constructions rurales sont basses et étroites, plus le développement des toitures et des murs est considérable par rapport à l'étendue du logement, et par conséquent plus celui-ci coûte cher. Il me semble qu'à cet égard, la plupart des fermes de ce pays sont très-mal bâties. »

Le maire. — « En Champagne, où l'on construit mieux, voici quelques mesures généralement adoptées :

« Six à sept mètres depuis le sol jusqu'aux gouttières ; même hauteur jusqu'au sommet de la toiture.

« Profondeur du bâtiment relative à l'inclinaison du toit. Supposez que celui-ci, couvert d'ardoises, ait sept mètres de haut, cette mesure sera le tiers de la profondeur de l'édifice, qui dès lors se trouvera de vingt-un mètres.

« Maison, écuries, grange, hangars, sont
le plus souvent réunis en un seul bâtiment
rectangulaire, et toutes les portes regardent
le levant, côté duquel la pluie ne vient presque jamais. La maison occupe l'extrémité
sud, avec plusieurs fenêtres au pignon, ce
qui la rend saine et chaude. Les écuries et
les étables, avec greniers à foin au-dessus,
touchent au logis, et leur longueur s'étend
dans le sens de la profondeur de l'édifice. De
larges fenêtres sont ouvertes à chaque bout.
Puis, vient la grange, dont les meilleures pa-
rois consistent en un simple guindage de
planches goudronnées. Enfin, le pignon nord
qui ne reçoit ni pluie, ni soleil, présente un
vaste hangar et les loges à porcs. »

Après ces paroles du maire, l'orphéon
exécuta un morceau de musique ; l'instituteur lut quelques pages d'Histoire de France.
Enfin, la séance se termina par le chant
d'usage et par la lecture des vers suivants.

LE LABOUREUR AU PRINTEMPS

L'Éternel souffle sur la plaine,
Et les frimas ont expiré,
Et le vaste linceul de laine
Qui couvrait tout, s'est déchiré.

Et tout ressuscite en ce monde,
Avec le divin Rédempteur :
La fourmi, le reptile immonde,
Le papillon, l'oiseau chanteur.

Aux gais concerts de l'alouette,
Mes amis, unissez vos chants.
Berger prends ton sac, ta houlette.
Laboureurs, qu'on se rende aux champs.

Attaquons d'abord ce calcaire
Qui promptement perdrait fraicheur.
Pour la terre froide, au contraire,
J'attendrai qu'elle ait pris chaleur.

Accourez, sans qu'on le répète ;
A moi, végétaux printaniers.
Blé de mars, fèverole, œillette,
Je veux vous semer les premiers.

Puis sera le tour de la gesse,
De la jarrosse, du lupin ;
De pois, de lentille et de vesce,
A couper en fleur comme en grain.

Puis, de l'avoine aux clairs panaches,
De l'orge, des millets, du lin ;
Puis, des betteraves à vaches,
Des carottes, choux, sarrazin.

Parmentier, sois-nous favorable.
De tes leçons voici l'effet :
Nous voulons que ce champ de sable
Nous procure le pain tout fait.

Comme légume plus facile,
Ce sera le topinambour
Que, sur ce coteau peu fertile,
Je planterai lors du labour.

Il est déclaré par les sages :
Qui veut du blé, fasse du foin.
A nous donc, princes des fourrages,
Trèfle, luzerne, grand sainfoin.

Plus modestes sont vos allures,
Minette, ray-grass, trèfle blanc.
Vous me ferez vertes pâtures,
En bon, et même en mauvais champ.

Puis, des débris de telle plante,
Tel vil terrain reste engraissé ;
Enfants, ayez l'âme contente.
En friche un sot l'aurait laissé.

Si la terre était plus fertile,
Sèmerais-je, en cette saison,
Le tabac, richesse inutile,
Ou planterais-je du houblon ?

Peut-être aussi de la garance,
Pour le pourpre des vêtements
Qui font respecter notre France
A travers les périls des camps.

Chaque terrain veut sa récolte,
Et tous les ans, diversité;
Car le sol se met en révolte
Lorsqu'on lui parle d'unité.

Voyez, dans le bois, la prairie,
Combien de végétaux divers!
L'un avec l'autre se marie;
Cette loi soutient l'univers.

Ce n'est pas tout de mettre en terre
De gentils plants, des grains amis;
L'affreux chiendent leur fait la guerre;
Aux armes contre ces ennemis.

Socs d'acier, voilà nos armures,
Et notre sang, c'est la sueur.
Soldats du travail, nos blessures
Sont les foulures du labeur.

Avant semis, grande bataille,
Et quand les graines ont germé,
Frappe encor d'estoc et de taille;
Ce duel n'est jamais fermé.

Ici, dans le froment j'esherbe,
Et j'attaque à mort les chardons;
Là, par la herse mauvaise herbe
Est atteinte de vingt façons.

Pour la betterave naissante,
Et la carotte, et le pavot,
Ce sera binette tranchante
Qui grattera terre au plus tôt.

Quant à ce champ de Parmentière,
Herse d'abord, houe à cheval;
Puis butteur : voilà la manière
D'avoir grand produit sans grand mal.

Souvent au village on délaisse
Jardin fruitier et potager.
Cette négligence me blesse;
Je serai meilleur ménager.

Et d'abord, je sème sur couche
Carotte , laitue et radis;
Puis, pour divers besoins de bouche,
Oignons, poireaux, choux, salsifis.

Puis encore souvent salade
De laitue, endive et chicon;
Puis les concombres au goût fade,
Mais que j'estime en cornichon.

Pour leur saveur aromatique,
Thym, panais, cerfeuil, estragon,
Persil, marjolaine, angélique,
Et sous cloche le fin melon.

Je sème l'épinard, l'oseille;
Je repique l'humble fraisier,
L'arbrisseau qui porte groseille
Et les drageons du framboisier.

A ton tour, ma douce fillette,
En main la bêche et le râteau ;
Plante quelque fleur gentillette ;
Au bien conduit l'amour du beau.

En ville, par l'or on achète
Les fruits que sans bourse attaquer,
Aidé de ma chère serpette,
Je tirerai de mon verger.

Et je veux qu'avec bénéfice
Ce coteau si sec, si pierreux,
Grâce à mes soins, grâce au solstice,
Nous procure un vin généreux.

Mes enfants, soyez sans alarmes
De la vigne en voyant les pleurs ;
Ainsi, je fais couler vos larmes,
Afin de vous rendre meilleurs.

Dieu puissant, conserve en leur âme,
La foi, pur trésor des aïeux.
Dans leur cœur allume la flamme
De l'amour qui conduit aux cieux.

Affermis-les par l'espérance ;
Et montre-leur, dans le lointain,
Cette seconde et belle France,
Que nous cultiverons demain.

Cieux d'azur, futur héritage !
De mes champs toujours je vous vois,
Et fatigué, je prends courage !
Car j'aime, j'espère et je crois.

V

CINQUIÈME CONFÉRENCE

Chansonnette. — Conformation des animaux.
— Choix des semences. — Éducation des enfants. — Pâture.

Les musiciens ouvrirent la séance par la
chansonnette suivante, composée sur un
refrain connu :

> Le coq me réveille en chantant,
> Lorsque l'étoile encor scintille.
> L'esprit en paix, le cœur content,
> Je prends la faux et la faucille.
> De Dieu j'invoque la bonté,
> Et de l'oiseau j'ai la gaîté.
>
> Combien ne recherchent que l'or !
> Insensés, ils trouvent la peine

Et la douleur dans le trésor,
Et dans l'opulence la chaîne.
Mieux vaut garder ma liberté,
Mon petit champ et ma gaîté.

A d'autres ces pompeux réduits
Où dans le luxe on se consume ;
Où sans fin paraissent les nuits,
Malgré les douceurs de la plume.
Je préfère ma pauvreté,
Et mon sommeil et ma gaîté.

Lorsque d'amour on est épris
Pour mille vanités futiles,
On ne voit plus qu'avec mépris
De nos champs les trésors utiles.
Conservons la simplicité,
Et le travail et la gaîté.

A nous du firmament l'azur !
A nous des oiseaux le ramage !
A nous des forêts l'air si pur !
A nous le silence et l'ombrage !
Oh ! dans ce séjour enchanté,
Je respire paix et gaîté.

Petit oiseau, tu bois eau claire,
Et tu t'en vas toujours chantant.
A tout, comme toi, je préfère
Boisson limpide et cœur content.
Oh ! Dieu ! bénis dans ta bonté
Ma chansonnette et ma gaîté.

————

Après le procès-verbal et quelques exercices de géométrie,

« — Messieurs, dit le maire, ce n'est pas
tout de récolter beaucoup de fourrage et de
fortement nourrir le bétail, il faut encore
avoir des animaux bien conformés. Notre
habile vétérinaire veut bien traiter cette
question. »

Le vétérinaire. — « Messieurs, je com-
pare le corps des animaux à un édifice. Les
quatre colonnes angulaires sont les membres. Le faîte du toit, c'est l'épine dorsale.
Or, je vous le demande, donneriez-vous un
certificat de solidité à une maison dont la
toiture ferait le creux? De même, dans toute
espèce de bétail, le dos fléchi ou *ensellé*
constitue un défaut grave.

« Maison sans profondeur, peu de logement. Également, si le corps est étroit, le
cœur, les poumons, le foie, l'estomac, les
intestins se trouvent à la gêne. S'il s'agit
d'une femelle reproductrice, le sujet qu'elle
doit mettre au jour habite, dans le sein de
sa mère, une mauvaise chambre. Ainsi, pas

de poitrine serrée, pas de côte plate, pas de croupe en lame de couteau.

« Du jeu des nerfs dépendent les diverses fonctions de la vie. Je veux donc un cerveau développé et un front large ; car les nerfs sont les ramifications du cerveau.

« Lorsque, au lieu d'être d'aplomb, les angles de votre maison s'écartent à droite ou à gauche, êtes-vous satisfaits? La conformation des animaux n'est pas moins défectueuse, si chacun des membres ne présente pas une ligne verticale tombant à angle droit sur celle du dos. Des croupes avalées, des derrières pointus, des jambes torses ou obliques, tout cela ne vaut rien.

« Lorsqu'entre les colonnes d'un édifice il se trouve trop d'espace, la solidité est compromise. De même, il ne doit pas y avoir trop de distance entre la croupe, sommet des membres postérieurs, et l'é paule, sommet des colonnes du devant Autrement, le sujet que, dans ce cas, on dit *efflanqué*, ne peut résister à la fatigue.

« Je ne veux pas non plus que le col soit

très-allongé ; l'animal a trop de peine à soutenir la tête, surtout si elle est elle-même longue et lourde, autre défaut grave.

« Au contraire, une grande étendue de croupe et d'épaule, beaucoup de longueur de cuisses et de bras, voilà ce qui me plaît. Comme les principaux muscles qui font mouvoir les membres couvrent ces parties, plus elles sont développées, plus la chair musculaire l'est aussi ; dès lors, plus l'animal a de force, et, s'il est destiné à la boucherie, plus il donne de viande.

« Vous auriez peine à vous tenir sur de hautes échasses. Par la même raison, des membres trop élevés affaiblissent l'animal. Il importe surtout qu'elle soit très-courte, la partie appelée *canon*, qui se trouve au-dessous du genou dans les membres antérieurs, au-dessous du jarret dans le train de derrière.

« Recherchez les os fins, les articulations saillantes sans irrégularité ni engorgement, la peau souple, les yeux vifs, les membranes intérieures de la bouche et des paupières d'un beau rose, et non pas d'un rouge vif ou d'un pâle blafard.

« Chez l'animal qui n'est pas destiné à travailler, et dont le produit consiste exclusivement en laine ou en viande, vous pouvez admettre la chair molle, indice d'un tempérament lymphatique et d'une grande disposition à engraisser. Au contraire, que les muscles des races de travail soient serrés et durs; qu'ils se dessinent nettement sous la peau et qu'à certains points les veines apparaissent. Un cheval de petite taille et doué de ces caractères ferait périr au travail tel autre plus gros, mais couvert de chair flasque. Cependant, combien de cultivateurs estiment à tort ces masses de chair !

« Vous ne craindrez pas, Messieurs, un peu de dépense pour vous procurer des reproducteurs tels que je viens de les décrire, et vous ne ferez pas comme les habitants de certain village où se trouvaient deux taureaux, l'un très-remarquable et pour le service duquel on demandait deux francs par vache; l'autre, des plus mal conformés, mais dont le service ne coûtait qu'un franc. Figurez-vous que c'est ce dernier qui attirait toutes les pratiques. »

Le maire. — « Messieurs, vous apprendrez avec plaisir que, si la commune veut acheter deux beaux taureaux, M. Larivière offre de payer moitié de la dépense. »

Un assistant. — « Voilà un digne propriétaire ! »

Le maire. — « Ainsi, Messieurs, vous admettez que, pour réussir dans l'élève, il faut choisir les reproducteurs les mieux faits. Le même principe s'applique aux plantes; et cependant combien d'entre nous prennent leurs semences presque au hasard ! Pourvu que le grain soit rond et net de mauvaises graines, il leur suffit; Messieurs, ce n'est pas assez.

« Au moment de la moisson, choisissez dans votre meilleur blé un certain nombre d'épis sur les pieds qui ont le mieux tallé et dont les chaumes sont le plus solides. Semez en lignes les plus beaux grains de ces épis. Sarclez au printemps. La plante, ayant plus d'air que dans les champs semés à la volée, tallera davantage et présentera des tiges plus fortes et certainement aussi un plus grand nombre de gros épis. Ces épis, choisissez-les de nouveau; semez-en le grain dans les mêmes conditions que la première fois. A chaque génération, faites de même, et bientôt votre blé deviendra plus productif. C'est par des soins analogues que l'on parvient à régénérer toutes les espèces végétales. »

Le curé. — « L'éducation de l'homme, mes amis, ressemble beaucoup à celle de la plante. J'aperçois dans l'âme de vos enfants le principe de toute perfection et le germe de toute espèce de vice. Quelle vigilance il faut pour développer le premier et pour éteindre le second! Je le dis tristement! certains usages du pays sont incompatibles avec cette surveillance incessante qui fait la bonne éducation.

« En hiver, vos enfants fréquentent l'école, c'est bien; mais l'alouette n'a pas plutôt chanté que les garçons vont à la charrue. Plus d'école pendant plusieurs mois. Tout ce qui a été appris en hiver est oublié. »

Un assistant. — « Mais ne faut-il pas que les terres soient labourées? »

Le maire. — « Eh ! Messieurs, c'est une honte que nos charrues traînées par cinq, six et huit animaux et conduites par deux personnes. Avez-vous jamais réfléchi à ce que vous coûtent de tels labours? Encore, ne faites-vous que gratter la terre. Ayez des charrues un peu moins lourdes. Nourrissez convenablement vos chevaux, et deux ou trois attelés de front suffiront presque toujours, sous la conduite d'un seul homme. Vous le savez, je ne laboure jamais autrement. »

Le curé. — « Quand la charrue est dételée, l'enfant emmène à la pâture les chevaux et les bœufs, et il reste au milieu des champs sans surveillance.

« Quant à vos filles, chacune part le matin avec son petit troupeau; puis, entièrement abandonnées à elles-mêmes, elles passent toute la journée le long des chemins et des haies.

« Les brebis qu'elles gardent attrapent sans doute parfois quelque bonne goulée ; mais habituellement elles meurent de faim. Leurs engrais dispersés çà et là sont perdus pour les récoltes, qui d'ailleurs sont exposées à mille dégâts : gardiens et gardiennes s'ennuieraient seuls ; tandis qu'ils jouent, font la maraude et peut-être encore pis, les bêtes vont où elles veulent.

« Pourquoi, mes amis, n'avez-vous pas des enclos bien fermés, comme on en voit en Normandie? Le bétail passe successivement de l'un dans l'autre. Ainsi, sans frais de garde, le pâturage fait grand profit. Dans des herbes d'une certaine hauteur, vous pourriez attacher chaque animal à un piquet qui serait déplacé de temps en temps. Pour les petites fermes, je préfère encore le régime à l'étable au moyen de fourrages fauchés. Quelle masse de fumier on se procure ainsi ! »

Un assistant. — « Mais aussi quel travail ! »

Le curé. — « Au lieu de laisser vos enfants errer çà et là, habituez-les à devenir laborieux, et ces complications vous paraîtront toutes simples. Si ce n'est pas l'intérêt qui vous détermine, qu'au moins ce soit le sentiment du devoir.

« Vos enfants, ainsi que vous, sont l'image de Dieu, et Dieu n'entend pas que vous laissiez cette image se dégrader et s'avilir. »

L'Orphéon exécuta un morceau de musique ; l'instituteur fit une lecture tirée des *Mémoires d'un troupier*, par M. Anatole de Ségur, et l'on se sépara après le chant habituel.

VI

SIXIÈME CONFÉRENCE

Drainage.— Concours du propriétaire à ce genre
d'opération. — Drainage en commun. — Trop
peu d'améliorations foncières et trop d'achats
de biens-fonds. — L'usurier des campagnes.
— Le laboureur en été.

Après le chant d'ouverture et quelques
exercices d'arithmétique, le maire s'exprima
ainsi :

— « Trop souvent, Messieurs, l'excès de
fraîcheur perd nos récoltes. J'ai donc pensé
qu'il vous serait agréable d'entendre M. Johnston, expert en drainage, vous parler de cette
opération si utile aux terres humides. »

M. Johnston. — « Sans avoir l'honneur

d'appartenir à votre nation, j'aime tout ce qui s'y dit de bien.

« Regardez ce pot de fleurs, s'est écrié « l'un de vos compatriotes. Pourquoi le pe- « tit trou qui traverse le fond? C'est toute « une révolution en agriculture. Ce trou « permet de renouveler l'eau qui humecte « la terre du pot. Et pourquoi faut-il ainsi « remplacer l'ancienne eau par de la nou- « velle? C'est que l'eau donne la vie lors- « qu'elle circule, et la mort si elle croupit. « L'eau qui circule dissout les principes fé- « condants et les abandonne à la plante. De « plus, chaque fois qu'elle s'écoule, c'est de « l'air qui la remplace; or, la présence de « l'air est indispensable dans le sol pour la « formation des aliments végétatifs. L'eau « qui croupit, au contraire, se pourrit par « l'immobilité, gâte les racines, refroidit « la terre et empêche l'action vivifiante de « l'air. »

« Dans mon pays, la grande Angleterre, avant l'extension du drainage, les trois quarts des terres souffraient par excès de fraîcheur.

Ce n'était pas du blé, mais des chiendents qui poussaient partout. Les moutons gagnaient la pourriture ; les hommes la fièvre.

« Le printemps ressemblait à l'hiver, tant la terre était refroidie, tant la végétation marchait lentement. Aujourd'hui, tout est changé ; mais aussi tout est drainé. La terre anglaise ressemble à une écumoire. On y a dépensé des millions, et l'on y a gagné des milliards.

« De tout temps, on faisait des écoulements souterrains avec des fascines et des pierres. Mais ce genre de drainage s'obstruait à la longue, tandis que celui par tuyau de poterie est indestructible, pourvu qu'il soit bien établi et que, dans certains cas, on lui donne quelques soins d'entretien.

« Retenez cette condition : *pourvu qu'il soit bien établi*. Souvent, je vois drainer en France sans règle, à peu près comme on trace une raie de charrue. Puis, au bout de quelques années, les tuyaux ne fonctionnent plus. Est-ce étonnant?

« Il faut d'abord parfaitement étudier les

pentes ; on trace ensuite les lignes de tuyaux ou *drains* suivant le sens de la plus forte pente, si le terrain est faiblement incliné ; obliquement au contraire par rapport à cette pente, si le champ présente une inclinaison très-prononcée ; et on les fait aboutir sur des *drains collecteurs* qui occupent les plis de terrain et le bas des pièces, de sorte que les eaux s'échappent par une seule bouche plutôt que par plusieurs.

« Les drains ordinaires sont espacés de 8 à 20 mètres suivant la nature du sol ; et l'on s'attache à cette règle : qu'aux points les plus éloignés de deux drains, le champ ne doit conserver aucune eau stagnante à la profondeur de 50 centimètres. Du reste, plus les drains sont enfoncés, plus ils assainissent d'étendue, et moins ils courent risque d'être obstrués par les racines des plantes qui parfois pénètrent très-avant.

« Que vos drainages soient donc toujours très-profonds (1 mètre 20 à 1 mètre 50) ; dussiez-vous prolonger le tuyau de décharge hors de vos propriétés, ainsi que la loi le permet.

« Un à deux millimètres de pente par mètre suffisent à l'écoulement. Mais si l'inclinaison n'est pas plus prononcée, combien il importe que les pentes soient parfaitement observées !

« En général, les plus petits tuyaux purgent très-bien la terre. Toutefois, je préfère ceux d'un diamètre intérieur de 5 à 6 centimètres, afin que, plus tard, au moyen d'une chaîne analogue aux chaînes d'arpenteur, mais à divisions plus longues, je puisse les nettoyer en cas d'obstruction. Pour faire ces nettoyages, dont la nécessité se manifeste rarement lorsque le drainage est profond, on ouvre les drains de 50 mètres en 50 mètres, et l'opération ne présente nulle difficulté.

« Voici encore des précautions nécessaires : Pour l'économie du travail, faire les tranchées très-étroites et ne donner au fond que juste la largeur des tuyaux ; placer ceux-ci avec beaucoup de soin et recouvrir d'un tesson tous les joints ; pour peu que le terrain soit sableux, mettre sur les tuyaux une petite couche de mousse, ou de mauvais foin, afin de prévenir les infiltrations terreuses; si le sol est mouvant, relier les tuyaux entre eux à l'aide d'autres tuyaux plus courts et plus larges; rejeter sur les tubes la terre la plus mauvaise et la piler fortement; une fois le drainage fini, munir d'un grillage chaque bouche d'issue. »

Un assistant. — « Comment nous autres, pauvres fermiers, pourrions-nous entreprendre de tels travaux?»

M. Johnston. — « En deux ou trois ans, quelquefois dès la première année, la dépense se trouve couverte par le surcroît de récolte. »

M. Larivière. — « A combien environ, par hectare, se montent les frais?»

M. Johnston. — « En moyenne de 200 à 250 francs, lorsque les drains sont à 10 mètres d'espacement et à 1 mètre 20 de profondeur, dans un sol sans racines et sans pierres. »

M. Larivière. — « Dès que l'amélioration est permanente, le propriétaire ne doit pas craindre, ce me semble, d'y employer lui-même son argent, pourvu que le fermier lui en rende un intérêt convenable. Je me prêterai volontiers à de tels arrangements.,»

Un assistant. — « Passe encore pour les belles pièces de terre comme vous en possédez, Monsieur Larivière ; quant à nos petits champs, je ne vois guère la possibilité de les drainer. »

M. Johnston. — « Associez-vous et faites le travail à frais communs. »

Un assistant. — « Si les cousins Thomas, François, Jean et Nicolas le veulent, nous drainerons ainsi nos champs de la *Canardière.* »

Le maire. — « Quel meilleur emploi de vos économies? La terre, n'est-ce pas notre banque ? Améliorons-la ; elle nous rendra au centuple les intérêts de nos avances. Quant aux banqueroutes, jamais.

« Je connais un paysan lorrain qui, acquéreur de 10 hectares pour 1150 fr., les a fait parvenir en quelques années à la valeur de 12000 fr. Tel village très-pauvre autrefois, est devenu très-riche par la transformation de son sol.

« Ce qui retarde ce progrès, c'est un désir exagéré d'acquérir. Combien d'entre nous ont des bâtiments insuffisants, un bétail chétif, des semences imparfaites, des terres qui réclament le marnage, le drainage, l'engrais! En dépit de ces nécessités, s'il se fait une vente de biens fonds, c'est à qui en achètera quatre fois plus qu'il ne peut payer. Ensuite, on vit de privations pour se libérer de ses dettes et l'on n'améliore rien. Dégoûtés de cette existence, les enfants quittent, s'ils le peuvent, la profession de leur père et vendent leur héritage pour d'autres spéculations. »

Le curé. — « Encore, n'est-ce que demi mal quand le cultivateur obéré ne se jette pas, comme l'imprudente alouette, dans certain filet à mailles d'argent, toujours tendu sur son passage. Car il n'est pas de chef-lieu cantonal qui ne recèle l'impitoyable oiseleur qu'on nomme usurier.

« Propriétaire de biens-fonds, mais gêné,

vous frappez à sa porte. Il est désolé de ne pouvoir vous venir en aide; mais il n'a pas une pistole dans son secrétaire. Votre visage s'attriste. « Eh bien! dit-il, afin de pouvoir « vous obliger, je me déciderai moi-même « à emprunter, revenez samedi. »

« En effet, ce jour-là, 2,000 fr., payables dans dix-huit mois, vous sont généreusement octroyés. Bien entendu, sur cette somme on prélève immédiatement, pour vous délivrer de tout soin, les intérêts futurs des dix-huit mois, portés à une somme ronde de 300 fr.; plus 80 fr. avancés pour trouver l'argent, etc., etc. Or, ces prélèvements effectués, il reste 1,500 fr. que vous emportez, espèces sonnantes. J'oubliais qu'en échange de sa peine, votre obligeant prêteur a retenu le charroi gratuit de son bois, le labour de ses champs, etc.

« On approche du terme; vous exprimez votre embarras : le grain ne se vend pas; la somme n'est pas prête. « Bagatelle ! dit l'autre, nous nous reverrons. »

« Quelques mois s'écoulent encore. Tout

à coup, vous recevez la terrible visite de l'huissier. Vous accourez éperdu près de votre prêteur. Oh! surprise! il est affable et riant; il vous offre d'excellent mâcon vieux, un délicieux civet de lièvre et le moka le plus parfumé.

« Je ne veux pas, dit-il, faire de peine à
« un ami, bien plus le laisser dans la gêne.
« Voici 300 fr. encore à vous. Le compte
« est facile :

Ancien prêt.....................	2,000 fr.
Intérêts arriérés................	150
Note de l'huissier...............	50
Pertes occasionnées par votre peu d'exactitude.....................	160
Donnés d'amitié.	300
Coût de l'acte et frais divers......	130
TOTAL.................	2,790 fr.

« Écrivez en toutes lettres : *Bon pour*
« *deux mille sept cent quatre-vingt-dix francs.*
« Signez, et buvons à la prospérité de vos
« affaires. »

« Quelque temps s'écoule encore et vous dormez. Votre ami, lui, qui ne dort pas, fait

l'estimation de vos biens. « Ils valent, dit-
« il, 10,000 fr.; mais, vendus en justice,
« ils atteindront à peine 6,000, sur les-
« quels 3,000 seront absorbés par les frais.
« Restent 3,000. C'est mon affaire; mar-
« chons. »

« Bientôt après, ces champs, dont quelques-uns venaient de vos pères, dont vous
aviez acheté les autres à chers deniers, cette
propriété que chaque jour vous arrosiez de
vos sueurs, vous l'arrosez une dernière fois,
mais c'est avec des larmes, et vous allez, je
ne sais où, finir une triste existence.

« Mes amis, que cette lamentable histoire ne s'applique désormais à aucun de
vous.

« N'achetez en terre que ce que vous êtes
en mesure de payer promptement; n'exploi-
tez que ce qu'il vous est facile de bien fu-
mer; n'entretenez en animaux que ce que
vous pouvez parfaitement nourrir. En un
mot, résistez à toute convoitise immodérée.
La terre céleste est seule digne d'exciter
dans vos âmes des aspirations ardentes. Éle-

vez souvent vos regards vers ce champ de l'éternité ; vous considérerez ensuite avec plus de calme les choses d'ici-bas, et dès ce monde vos intérêts s'en trouveront mieux. »

Après ces paroles, qui furent vivement applaudies, l'Orphéon se fit entendre. L'instituteur fit une lecture tirée du livre intitulé *Le Camp, la Fabrique et la Ferme,* de M. Laurent de Jussieu. La séance se termina par les vers suivants, ainsi que par le chant accoutumé.

LE LABOUREUR EN ÉTÉ

Mes chers enfants, la Providence
Bénit nos labeurs printaniers ;
Partout j'aperçois l'abondance,
Sous le blé rompront les greniers.

Quelle bonté, souverain Père,
De combler ainsi mon désir !
Tu me dis : Le pauvre est ton frère ;
Récolte pour le secourir.

Sur le pré donc avec courage;
En mouvement fourche, rateau;
Ensuite, au galop l'équipage;
Souvent soleil se change en eau.

L'air n'est-il pas une fournaise?
Dès le matin, le moucheron
Jetait dans un affreux malaise
L'infatigable Percheron [1].

Il doit pleuvoir sans aucun doute;
L'air est trop lourd, le ciel trop chaud.
Avec horreur, près de la route,
J'ai glissé sur un noir crapaud.

Voyez : sel se fond, marbre sue;
Hirondelle vole tout bas;
Dans le ruisseau poisson remue;
Triste Arachné ne file pas.

Ainsi, souvent, par le tonnerre
De Saint-Jean s'éteint feu joyeux;
Puis le ciel inonde la terre,
Et longtemps reste pluvieux.

Alors sans soins, sans industrie,
Le fourrage serait perdu.
Mettez en tas l'herbe flétrie;
Demain que tout soit étendu.

Puis d'autres tas; puis épandage.
Chaque fois l'humide vapeur

1. Race de chevaux connue.

S'exhale en un épais nuage,
Et le vivre garde saveur.

Chaque récolte n'est bien faite
Qu'avec des soins particuliers.
Nous choisirons entre moyette,
Meulon, faisceaux et cavaliers.

Quelle canicule brûlante!
Lise, Jeanne, Rose, Fanchon,
Aux blés la faucille tranchante!
Laissez l'aiguille et le chiffon.

Et vous, Colas, Simon, Maurice,
Fauchez de vos bras vigoureux,
Jusqu'à ce que, par artifice,
Ce lourd travail passe à nos bœufs.

Vous dites : Ce n'est pas possible !
Depuis le règne du Géant,
Sachez que le mot *impossible*
N'est plus accordé qu'à l'enfant.

Sans suivre l'aigle triomphante,
D'un vol rapide s'abattant
Sur la capitale tremblante
De tel vaste empire expirant,

Contre la funeste puissance
De la routine, quel assaut !
Chantons victoire! l'ignorance
De toutes parts est en défaut.

Duvoir [1], les machines pesantes
Brisent le fléau du batteur.
Le tarare aux ailes tournantes
Chasse le plateau du vanneur.

Le laboureur grattait la terre ;
La *Révolution* [2] paraît ;
Sans miséricorde, elle enterre
Le faible *Arau* [3] dans le guéret.

A votre tour, prenez la fuite,
Paisibles bœufs de Vallerand.
Ganneron [4] s'approche ; à sa suite
Accourt un monstre tout fumant.

Voyez : aussitôt qu'il s'avance,
Quel bloc énorme retourné !
Rien ne résiste à sa puissance ;
Le fort cheval est détrôné.

Mon fils, ce sont là nos victoires ;
Cherche toujours de tels lauriers ;
De la paix préfère les gloires
Au sang des combats meurtriers.

Si jamais cependant la France
Appelle au secours ses enfants.

1. L'un des premiers fabricants de machines à battre.
2. Énorme charrue double faite dans l'Aisne par M. Vallerand.
3. Nom de la charrue dans le Poitou.
4. Grand constructeur de machines.

Arme ton bras avec vaillance ;
Sois en tête des combattants.

Ne crains l'assaut ni la tranchée ;
Apprends à vaincre en cent façons ;
Puis, notre France délivrée,
Reviens, mon fils, à nos moissons.

⸺

VII

SEPTIÈME CONFÉRENCE

Drainage. — Travaux d'hiver. — Irrigations. —
Procès. — Cabaret. — Le laboureur en av
tomne.

Le maire. — « Messieurs, depuis l'aut:
jour, M. Larivière s'est entendu avec deux
de ses fermiers pour le drainage de quelques terres, et afin que les tuyaux soient
faits ici même, il procure à notre tuilier une
machine à fabriquer ce genre de poterie.

« Grâce à de tels travaux, grâce aux ex-
tractions de marne qui sont en bon train, j'espère qu'il n'y aura plus en hiver de ces longs
chômages qui nous sont si préjudiciables.

« Lors des moissons, on se plaint que les bras manquent. En effet, nos ouvriers diminuent de nombre par le départ constant d'un certain nombre de jeunes gens qui cherchent un travail régulier dans les grandes villes.

« Oserions-nous dire qu'ils ont complétement tort? C'est à nous, cultivateurs, à tâcher de les occuper hiver comme été.

« Pour utiliser la saison morte, n'y a-t-il pas encore le soin des prairies?

« L'eau qui coule sur les prés de novembre en avril, les fertilise extraordinairement. En quelques pays, on le sait si bien, qu'aux temps pluvieux de l'hiver toutes les eaux (sauf quelques-unes qui contiennent des substances nuisibles) sont réparties à la surface des gazons par une multitude de rigoles. »

Un assistant. — « En effet, c'est ce que j'ai vu dans le Limousin. »

Le maire. — « Pourquoi ne ferions-nous pas de même?

« Comme l'eau perd sa vertu fertilisante

à mesure qu'elle s'éloigne de son point de départ, on s'attache à amener sur chaque partie du gazon une certaine quantité de liquide qui n'a pas encore servi. De plus, on dispose les choses de sorte qu'à volonté l'espace entier puisse être mis à sec. En effet, les prés irrigués demandent souvent à être assainis; autrement, ils se refroidissent et n'engendrent que de mauvaises plantes.

« Tantôt, c'est d'après les accidents mêmes du terrain qu'on trace les rigoles; d'autres fois, on donne à la surface du pré les dispositions les plus régulières. Dans ce but, si l'on opère sur coteau incliné, l'espace, qui préalablement a été bien nivelé, est divisé en planches, transversalement au sens de la pente, par des rigoles horizontales, et celles-ci tirent l'eau d'un canal sur lequel elles aboutissent. Lorsqu'il s'agit d'arroser, on arrête le liquide dans ce canal par de petits barrages en planche ou en gazon. Veut-on mettre le pré à sec, on empêche l'eau d'entrer dans le canal et l'on enlève tous les arrêts. Alors, la prairie s'égoutte par ces mêmes rigoles qui l'arrosaient précédemment.

« Applicable aux terrains qui n'ont qu'une pente faible, un second système consiste à former des ados bombés, avec rigole d'arrosage horizontale sur le sommet et rigole d'assainissement entre deux ados.

« Les eaux qui ont arrosé une série d'ados ou de planches, peuvent souvent servir à l'irrigation d'une autre série.

« Du reste, comme nous le disions à l'instant, on s'attache à conduire sur chaque point de la prairie une certaine quantité de liquide non encore employé, à moins qu'on ne se trouve en été et que le but principal de l'irrigation ne soit le rafraîchissement des plantes. Dans ce cas, l'eau, même la plus épuisée, peut servir encore; mais alors, loin d'améliorer la prairie, elle en excite l'appauvrissement, parce qu'elle favorise l'absorption des sucs végétatifs. Ultérieurement, il devient nécessaire de soutenir la production par des engrais ou par d'abondantes irrigations faites en hiver avec des eaux fécondantes.

« Pour la distribution de l'eau, voici les principales règles :

« En automne, irrigations presque continues ; au moment des fortes gelées, terrain mis à sec ; après les gelées, irrigations beaucoup moins prolongées qu'en automne et d'autant plus souvent interrompues que la température est plus douce ; en été, arrosage rapide une ou deux fois par semaine et seulement le soir ou la nuit. »

Un assistant. — « N'ai-je pas entendu dire que M. Dumont, qui possède un pré touchant notre ruisseau et, de plus, un grand terrain très-infertile à quelque distance, veut prendre les eaux du ruisseau et les faire passer de son pré sur sa grande pièce à travers des parcelles qui ne lui appartiennent pas ? »

Un assistant. — « On le dit en effet ; mais pour mon compte, je ne le souffrirai pas. »

Un autre. — « Que deviendrions-nous, si pareilles prétentions avaient droit ? »

M. Larivière. — « Prenez garde, Messieurs. La dernière loi sur les irrigations accorde à celui qui arrose, le droit de faire passer l'eau, moyennant indemnité, sur l'héritage voisin qui divise sa propriété en deux parties. »

Un assistant. — « On n'est donc plus maître de sa chose ! »

M. Larivière. — « Le législateur a considéré que l'eau qui coule dans une vallée, appartient collectivement à tous les propriétaires des terrains irrigables du bassin. Si vous attaquez M. Dumont devant les tribunaux, je ne doute pas qu'il ne gagne. »

Un assistant. — « Eh bien ! c'est ce que nous verrons ; car je ne lui laisserai pas donner un coup de bêche dans ma propriété ! Je plaiderai plutôt jusqu'en appel. »

Le curé. — « Oh ! que ce mot *plaider* sonne mal ! Combien il cause de soucis, de haines, de pertes de temps et d'argent !

« Lorsqu'une difficulté se présente, pourquoi ne pas la terminer sans frais au moyen d'un arbitrage amiable ?

« Quelques décimètres carrés de terre,

une poignée d'herbe, un petit nombre d'épis,
voilà d'ordinaire le sujet de vos procès, et
sans parler des frais, vous perdez en pas
et démarches vingt fois plus que vous ne
réclamez. Vous tourmentez votre semblable,
et vous-même vous vous rendez malheureux ;
car rien n'empoisonne la vie autant que la
haine engendrée par les querelles judi-
ciaires.

« Il en est, je le sais, qui plaident sans
rancune. Ils vont à l'audience comme à la
foire, soi-disant pour affaire, mais au fond
pour trouver des camarades et faire visite au
premier bouchon. Autre tendance désolante !
Garde ta maison et ta maison te gardera.
Quand vous n'y êtes pas, tout va de travers,
et vous aussi.

« Vous désirez un verre de vin. Prenez-le,
mes amis, en compagnie de votre famille qui
vous seconde et qui, dès lors, a droit à le
partager. Ce sera tout profit ; car, acheté en
détail au cabaret, le vin vous coûte le double
plus cher que si vous le preniez dans votre
cave. D'ailleurs, vous savez ce que vous boi-

rez chez vous. Mais, quand vous passez sous l'enseigne, vous ignorez combien de bou-chons vont sauter. Cela dépend des amis, et les amis de cabaret sont aussi nombreux que les véritables amis sont rares. En restant chez vous, vous aurez encore, pour surcroît de bénéfice, le gain d'un temps précieux, la conservation d'une santé qu'altérerait af-freusement l'ivresse, la paix dans le mé-nage, le respect de vos enfants et la satisfac-tion de ne pas souiller votre corps destiné à devenir le temple de Dieu. »

Après un chœur habilement chanté, l'instituteur fit une lecture sur les grandes inventions modernes[1], et les vers suivants auxquels succéda le chant d'usage, terminè-rent la soirée.

1. Parmi les publications consacrées aux inventions modernes, nous signalerons *la Science populaire* ou Revue du progrès, des connaissances et de leurs applications aux arts et à l'industrie, par M. J. Rambusson.

La *Science populaire*, éditée par la librairie scienti-fique industrielle et agricole, paraît chaque année de-puis 1863, en un fort volume in-18 avec des figures intercalées dans le texte.

LE LABOUREUR EN AUTOMNE

Une vieillesse vénérée
Est un automne plantureux
Qui d'une existence honorée
Fait cueillir les fruits savoureux.

Alors le sage sème encore;
Il sème pour l'été divin,
Dont les jours auront une aurore,
Mais pas de soir, pas de déclin.

Tel, en semant mes blés d'automne,
Je reçois un dernier trésor
De la bienfaisante Pomone,
Raisins pourprés, reinettes d'or.

Tout joyeux, je vais, sous la treille,
Tirer, si je puis, quelqu'esprit
Du fond de la liqueur vermeille,
Dont Brennus autrefois s'éprit.

D'un bras tenant le cimeterre,
Et de l'autre un vaste cruchon,
Mon aïeul déclare la guerre
Aux fiers Latins pour leur boisson.

Tant qu'il n'est pas près de la tonne
Où le nectar a fermenté,
De ses exploits chacun s'étonne;
Le Romain fuit épouvanté.

Or l'y voilà; plus de victoire!
Adieu la gloire et les succès;
Hélas! on dit que c'est l'histoire
De plus d'un voltigeur français.

Qu'aux grenadiers du labourage
Ce récit ne s'applique pas.
Buvons tôt; mais, après, courage
Pour notre dernier branle-bas.

Par soc tranchant fendre et refendre
Le champ pour son bien tourmenté,
C'est permettre à l'air d'y répandre
La vie et la fécondité.

Herse, rouleau, encor la herse!
Brisons le sol sans rechigner.
En tous sens qu'on le bouleverse;
Ici, diviser c'est régner.

Tantôt, n'est-ce pas froid sévère
Qui pulvérise bloc glaiseux,
Et tantôt soleil salutaire
Qui le réchauffe de ses feux?

A tout prix, parfaite semence
Prise aux froments les mieux choisis;
Sans quoi la triste décadence
Amoindrirait tous les épis.

Comme une barque en eau rapide,
Tout tend à descendre ici-bas.
Tout s'amoindrit, tout devient vide;
Il faut des soins, du cœur, des bras.

De chaux et de drogue choisie
Imprégnons ensuite ce grain,
De peur que l'infecte carie
Ne le salisse l'an prochain.

A travers champs mon bras s'agite ;
Ou mieux, je sème par rayons.
L'ordre pour tout sert et profite,
Aux froments comme aux bataillons.

Une verdure ravissante
De toutes parts nous apparaît ;
Mais, oh ! douleur ! la jeune plante,
Qu'un ver attaque, disparaît.

Tel, en un jour, fille chérie,
Je t'ai vu naître, puis mourir ;
« Mourir ! dis-tu ; non, c'est la vie.
« Aller à Dieu n'est pas périr. »

A moi-même, feuille qui tombe
Annonce un semblable destin.
Je sens mon pied près de la tombe ;
Verrai-je le jour de demain ?

Cependant, puisque Dieu l'ordonne,
Je veux travailler tout le temps.
En plantant, j'oublîrai l'automne,
Pour penser aux fleurs du printemps ;

Du printemps sans fin, sans nuage,
Sans rouille, sans triste vapeur,
Sans grêle, sans froid, sans orage,
Sans ver impur et destructeur.

VIII

LA FÊTE AGRICOLE

Des affaires me tinrent éloigné du pays
pendant quelque temps. J'appris, à mon retour, que, lors de la reprise des travaux du
printemps, les conférences de Ch... avaient
été suspendues et qu'on s'était donné ren-
dez-vous pour l'hiver suivant. J'appris aussi
que, grâce à la généreuse initiative de
M. Larivière, les habitants avaient ouvert
une souscription pour l'organisation d'une
fête avec distribution de récompenses agricoles. Je me promis de m'y rendre; et en
effet, le jour venu, je me trouvais à Ch... dès
le matin.

Le village était très-animé. On suspendait en travers des rues des guirlandes de mousse et de fleurs, et l'on dressait contre les maisons des rameaux couverts de feuillage. Au milieu de la place, j'aperçus une estrade sur laquelle était un autel de mousse.

On attachait à des anneaux fixés aux murs les bestiaux que chacun s'empressait d'amener ; dans un champ voisin du village, plusieurs charrues étaient attelées, et les conducteurs luttaient d'habileté avec une vive émulation.

Ailleurs, on rangeait sur de longues tables divers produits, tels que filasses, fromages, beurre, miel, fruits, cire, etc. Quelques personnes apportaient des gerbes surmontées de magnifiques épis et des bottes de diverses plantes.

Trois commissions, composées chacune de cinq cultivateurs, examinaient chaque chose avec attention.

Vers dix heures, les cloches sonnèrent à toute volée ; puis, les pompiers, casque en tête, se réunirent près de l'église. Les chants religieux se firent entendre, et la croix franchit le seuil de l'édifice sacré. Elle était suivie de deux rangées de jeunes filles habillées de blanc et couronnées de fleurs, qui portaient sur un brancard orné de rubans les médailles destinées à la distribution ; derrière elles, des vieillards que l'on me dit être d'anciens serviteurs désignés pour les récompenses ; à leur suite, les chantres en grande chappe ; sous le dais, M. le curé, vêtu de la chasuble des grandes fêtes ; près du dais, le maire et les conseillers municipaux.

Le cortége se dirigea vers l'autel de mousse, qu'entourait une foule nombreuse, et le saint sacrifice fut commencé. Après l'évangile, le prêtre, se tournant vers le peuple, rappela cette délicieuse culture de l'Éden qui faisait le bonheur de nos premiers pères ; puis le dur travail d'un sol maudit prescrit en expiation de la faute originelle ; les patriarches occupés du soin de la terre et des troupeaux ; le divin Sauveur construisant de ses mains sacrées l'instrument premier du labour ; à chaque page de l'Évangile, l'agriculture glorifiée par de sublimes comparaisons ; la sollicitude de l'Église s'étendant ensuite sur le hameau comme sur la cité ; pour le prêtre, pas de chaumière trop petite, de paysan trop pauvre ; aux champs comme à la ville, toutes les plaies soulagées, toutes les misères consolées, toutes les injustices combattues.

« Dans la boutique, le bureau, l'atelier, l'usine, s'écria l'orateur, quel air étouffé, obscur, malsain [1] !

« Votre atelier à vous, laboureurs, c'est l'immensité des campagnes. C'est là que le divin agriculteur se révèle à vous, chaque jour, par des magnificences sans égales.

« Il y assemble ses nuages, il y roule sa
« foudre, il y verse ses pluies et ses rosées,
« il les inonde de ses feux solaires, il s'y ma-
« nifeste dans la germination des plantes,
« dans les bruits des forêts, dans la matu-
« rité des moissons, dans le chant des oi-
« seaux, dans le bêlement des troupeaux,

1. Imité des études rurales de l'abbé Méthivier.

« dans l'étendue des plaines; dans la voûte
« du ciel parsemée d'étoiles et de mondes
« infinis. Il y accable l'homme de sa majesté,
« il l'éblouit du spectacle varié des bois, de
« la verdure et des eaux, il le réchauffe de
« son souffle, il le pénètre de ses rayons, il le
« calme, il le ranime, il s'insinue dans son
« cœur et l'attire doucement à lui (Timon). »

« Cependant, quelle secrète inquiétude
s'est emparée de vos âmes? Plusieurs d'entre vous n'ont-ils pas jeté un regard d'en-
vie sur les splendeurs lointaines de la cité?
« Si je gagne quelque argent, ont-ils dit,
« mes enfants travailleront moins que moi
« et seront plus heureux. Toi, Pierre, je te
« ferai étudier, et tu deviendras clerc, com-
« mis, huissier, notaire peut-être! Et toi,
« Jeannette, au lieu de nettoyer les vaches,
« tu iras dans un pensionnat; je te donne-
« rai de belles robes, et tu te marieras là
« où il n'y a pas tant de peine à prendre
« qu'ici. »

« Chers habitants du hameau, malheur!
trois fois malheur pour de telles idées!

« Préparez à votre vieillesse la consolation de n'avoir pas détourné vos enfants de la voie suivie par vos aïeux. Laissez-leur ce que ceux-ci vous ont légué : le toit, le champ, le travail, des goûts simples, l'amour de Dieu et la paix du cœur. Gardez-vous de les enrôler dans cette cohorte d'artistes, de scribes, de lettrés, pauvres de moyens, riches de prétentions, qui, las de frapper à toutes les portes de la fortune, finissent par détester une société où ils languissent comme des arbres déracinés du sol.

« Apprenez-leur plutôt à manier la bêche, la charrue, la faucille, afin qu'après une vie de force, de travail et de vertu, ils deviennent dignes de la vénération publique, comme le sont aujourd'hui ces vétérans de l'agriculture, qui vont bientôt recevoir la glorieuse récompense de toute une vie de dévouement. Que du haut du ciel Dieu daigne bénir les prix que vous leur destinez, prélude des récompenses éternelles qui, je l'espère, combleront un jour leur bonheur et le nôtre. »

A ces mots, le prêtre répandit quelques gouttes de l'eau sacrée sur les médailles déposées près de l'autel, et le saint sacrifice fut achevé. Puis, le cortége revint à l'église au milieu des chants des jeunes filles et du gai carillon des cloches.

Deux heures après, toute la population se réunissait autour de l'estrade que l'on avait disposée en théâtre.

Bientôt, la toile fut tirée, et une troupe d'enfants, sous la conduite de l'instituteur, joua le proverbe suivant :

LE PARTAGE

PERSONNAGES :

UN CAPITAINE, aîné de la famille.
BERTRAND } cultivateurs, ses frères.
FRANÇOIS }
THÉRÈSE, leur sœur.
SIMON, autre cultivateur, mari de Thérèse.

SCÈNE I

SIMON, THÉRÈSE.

THÉRÈSE.

Or ça, mon mari, nos frères, comme vous savez,
vont venir pour régler avec nous le partage du
petit bien de défunt notre père.

SIMON.

Oui, notre femme.

THÉRÈSE.

Le capitaine, à ce qu'il paraît, ne peut arriver à temps; mais il donne d'avance son consentement à ce que nous aurons fait. De plus, il nous engage à partager les champs sans rien diviser, nous cédant ce qui serait réciproquement à notre convenance. Je ne donne pas là-dedans, moi : pas un des champs n'est à notre convenance plus que les autres; tandis que Bertrand veut déjà les deux hectares dont il est voisin, plus deux ou trois pièces qui le touchent aussi et qui ne sont pas des plus mauvaises. Quant à François, il demandera, j'en suis sûre, les quatre champs qui découpent les siens à la couture des trois chemins.

SIMON.

En effet, ils l'arrondiraient d'une belle manière.

THÉRÈSE.

Oui, et nous, nous n'aurions que le plaisir de voir ces messieurs s'arranger des héritages magnifiques, et nos belles-sœurs s'y pavaner en faisant plus que jamais les renchéries. Oh! pas de cela; vous entendez. Vous direz d'abord qu'il faut tout partager

SIMON.

Oui, tu as raison.

THÉRÈSE.

Et je vous défends de vous laisser enjoler...

SIMON.

Sois tranquille, notre femme.

THÉRÈSE.

De vous laisser entraîner...

SIMON.

Sois sans inquiétude.

THÉRÈSE.

De vous laisser endoctriner...

SIMON.

Oh ! je n'ai garde.

THÉRÈSE.

C'est que je les connais, ces langues dorées !
Pour avoir le temps, avant de signer, de réfléchir
sur ce qu'ils vont proposer, il faut que je m'absente ;
et alors, s'ils s'obstinent pour les pièces qui leur
conviennent, vous direz : J'en parlerai à ma femme.

SIMON.

Moi, je veux bien.

THÉRÈSE.

Allons, tenez vous ferme.

SIMON.

Comme un roc.

(*Thérèse sort.*)

SCÈNE II

SIMON *seul.*

SIMON.

Ces blancs bonnets! ça vous a toujours des chemins de détour, des ruses de possédé... J'aurais
tout autant aimé d'y aller à la bonne franquette;
mais Thérèse ne l'entend pas de cette façon-là; et,
ce qu'elle a dans la tête, elle ne l'a mordié pas au
talon! Aussi, pour avoir la paix dans le ménage....
Mais voilà mes deux beaux-frères....

SCÈNE III

SIMON, BERTRAND, FRANÇOIS.

SIMON.

Bonjour, vous autres.

FRANÇOIS et BERTRAND.

Bonjour, frère Simon.

BERTRAND.

Où est donc ma sœur?

SIMON.

Elle n'est pas loin, j'imagine.

BERTRAND.

Eh! bien, que penses-tu du conseil que nous donne le capitaine, de nous céder mutuellement les champs qui nous conviennent dans le partage à faire entre nous?

SIMON.

Mon Dieu, je ne sais trop... Il faut voir un peu.

FRANÇOIS.

Nous sommes tout disposés, Bertrand et moi, à te donner les champs que tu préfèrerais.

SIMON.

Je vous remercie.

BERTRAND.

Tu aurais la Chenevière qui n'est pas loin de ton clos.

SIMON.

Je ne demanderais pas mieux, mais...

FRANÇOIS.

Et la pièce des Cinq-Croix...

BERTRAND.

Et l'hectare de la Gabrielle...

FRANÇOIS.

Et la terre dite du Sauveur.

SIMON.

Ce sont de bons champs sans doute, mais...

BERTRAND.

Toi, François, tu aurais les quatre champs qui divisent ta pièce des Trois-Chemins. Pour moi, j'aurais celui de deux hectares et les deux autres petits dont je suis voisin. Le capitaine prendrait le reste. Je crois que, de la sorte, les parts sont égales, d'après les propres estimations de Simon.

FRANÇOIS.

Sans contredit.

BERTRAND.

Voilà qui est donc entendu. Si tu le veux, Simon, nous allons signer un petit compromis; puis, nous ferons faire à loisir nos actes de partage.

SIMON.

Est-ce que c'est déjà fini?

BERTRAND.

Quand on n'a point de difficultés, les choses vont au galop.

SIMON.

Comment! nous n'aurons pas nos parts dans chaque pièce?

BERTRAND.

Mais non, puisque nous nous cédons l'un à l'autre celles qui nous conviennent.

SIMON.

Moi, je veux bien; mais... j'en parlerai à ma femme.

FRANÇOIS.

Il n'est pas nécessaire. Il suffit que ta part te plaise, n'est-ce pas?

SIMON.

Il s'agit de son bien, à elle, et vous savez qu'elle aime assez qu'on fasse à sa guise.

BERTRAND.

Je suis sûr que Thérèse ne te dédira. pas, puisqu'elle est réellement très-bien partagée.

FRANÇOIS.

Voudrais-tu par hasard, au lieu du champ de la Gabrielle, celui des Aulnois? Eh bien! nous te le donnerons.

BERTRAND.

La terre y est en effet un peu meilleure.

SIMON.

Tenez, mes frères, il n'y a qu'un mot qui fasse... J'aimerais mieux tout partager.

FRANÇOIS.

Comment! pour avoir une multitude de lambeaux au lieu de quatre bonnes pièces?

SIMON.

C'est vrai tout de même; mais...

BERTRAND.

Allons donc, point d'enfantillage : choisis entre le champ des Aulnois et celui de la Gabrielle ; nous signerons ensuite.

SCÈNE IV

THÉRÈSE *entre*.

SIMON (*à part*).

Dieu soit loué, voici ma femme qui vient me tirer d'embarras (*haut*). Dis-donc, ma femme, qu'aimes-tu mieux du champ des Aulnois ou de la Gabrielle?

THÉRÈSE.

Pourquoi cette question?

SIMON.

C'est qu'on nous donne à choisir l'un des deux.

THÉRÈSE (*à part*).

Ah! que j'ai bien fait de revenir! J'avais le pres-sentiment de ce qui se passait. (*Haut.*) Vous dites,

6

Simon, qu'on nous donne à choisir entre ces deux
champs-là : eh bien ! je ne veux ni l'un ni l'autre.

BERTRAND.

Mais, Thérèse, tu ne sais ce que nous te donnions
en outre.

THÉRÈSE.

Peu m'importe, puisque j'entends avoir ma part
dans tout.

FRANÇOIS.

Mais, sœur, ton lot est excellent; on peut dire
même que, ne considérant que la qualité du sol,
sans égard au voisinage, il est le meilleur.

THÉRÈSE.

Il faut qu'ils soient tous égaux.

BERTRAND.

Nous te donnions la Chenevière qui est dans le
voisinage de votre clos.

THÉRÈSE.

Il ne m'en faut que le quart.

BERTRAND.

Tu avais aussi la pièce du Sauveur et celle des
Cinq-Croix.

THÉRÈSE.

Je n'en ai que faire.

FRANÇOIS.

Tu ne seras pas plus méchante que ton mari, j'espère; allons, Simon, ta femme se mettra à la raison, pendant que nous dresserons notre compromis.

SIMON.

Mon Dieu, je veux bien, moi; mais...

THÉRÈSE (à part).

L'imbécille! (*Haut.*) Pour vous montrer que je sais m'accommoder, je consens au partage sans division de champs; mais il me faut celui de deux hectares, et deux de ceux qui sont dans la pièce de François.

BERTRAND.

Tu nous prends justement ce qui nous convient le mieux.

THÉRÈSE.

C'est que cela me convient aussi.

FRANÇOIS.

Sois donc raisonnable, Thérèse!

THÉRÈSE.

Je le suis, mais je veux mon dû. J'entends avoir

ces champs, ou ma part dans tout; et vous aussi, je pense, mon homme?

SIMON.

Moi! oh! je veux bien.

BERTRAND.

Comment, vous allez faire découper tous ces pauvres champs que notre père a passé sa vie à réunir! Réfléchis-donc, Simon : ne vaut-il pas mieux les conserver tels qu'ils sont? Tiens, je vous abandonne encore, si vous voulez, le petit champ de quinze ares, dont cependant je suis voisin; vous avez en valeur beaucoup plus que nous. Vous consentez, n'est-ce pas?

SIMON.

Oh! je veux bien, moi.

THÉRÈSE.

Et je ne veux pas, moi. Très-positivement, il me faut ma part partout, comme je l'ai dit tout d'abord.

FRANÇOIS.

Y penses-tu, ma sœur?

BERTRAND (*voyant arriver le capitaine*).

Voilà un puissant renfort qui nous arrive fort à propos.

SCÈNE V

LE CAPITAINE, THÉRÈSE, BERTRAND, FRANÇOIS, SIMON.

THÉRÈSE.

Que vois-je, notre frère le capitaine !

LE CAPITAINE.

C'est moi-même, mes chers amis. (*Ils se pressent autour du capitaine.*)

FRANÇOIS.

Quel plaisir de l'embrasser ! Mais voyez donc comme Thérèse est interdite.

THÉRÈSE (*embarrassée*).

C'est qu'en vérité c'est nous prendre en traître que d'arriver ainsi, quand on s'y attendait le moins.

LE CAPITAINE.

J'en ai obtenu la permission, qui, ainsi que je vous l'écrivais, m'avait d'abord été refusée. N'ai-je pas bien fait d'en profiter ? Vous n'êtes pas fâchés de me voir, n'est-ce pas ?

BERTRAND.

Ah! mon cher, tu nous combles de joie

FRANÇOIS.

Sois-en persuadé.

LE CAPITAINE.

Dites-moi, maintenant, quel heureux hasard vous réunit en ce moment? seriez-vous en conseil de famille?

FRANÇOIS.

Justement. Nous sommes sur l'article du partage de notre succession.

LE CAPITAINE.

Et sans doute vous êtes d'accord; vous vous cédez réciproquement ce qui vous convient, ainsi que je vous l'ai conseillé?

BERTRAND.

Nous le voulons, nous deux François; mais la chose se trouve impossible...

LE CAPITAINE.

Impossible! comment donc?

BERTRAND.

Simon y aurait consenti, mais Thérèse s'y oppose. Elle veut que tout soit partagé.

LE CAPITAINE.

Est-il vrai, Thérèse ?

THÉRÈSE.

On me refuse ce que je demande.

BERTRAND.

Tu vas juger si elle est raisonnable : nous lui offrons la Chenevière, les champs des Cinq-Croix, du Sauveur et de la Gabrielle, enfin les quinze ares qui me touchent au Vieux-Moulin. Elle, au contraire, demande ou, pour mieux dire, exige les deux hectares qui coupent en deux ma pièce du Morthomme et deux des quatre champs qui divisent la pièce de François.

THÉRÈSE.

Pourquoi n'aurais-je pas ces champs tout aussi bien que vous ?

FRANÇOIS.

. Eh ! pourquoi veux-tu les avoir préférablement à d'autres meilleurs ? Je le sais parfaitement, moi, et je vais te le dire. C'est parce qu'ils nous agrandissent, et que tu es fâchée de voir tes deux frères augmenter par cette réunion la valeur de leurs héritages, tandis que toi, qui n'es voisine nulle part des champs à partager, tu ne peux retirer le même avantage de la succession.

BERTRAND.

Oui, voilà le fin mot.

LE CAPITAINE.

Je reconnais bien là cet esprit jaloux et étroit par suite duquel on s'impose des privations de peur de procurer au voisin quelque avantage dont on ne peut profiter soi-même. C'est ainsi que, dans nos villages, presque jamais un partage de biens fonds ne s'effectue sans la division que Thérèse réclame. D'où résulte un excessif morcellement des propriétés avec ses conséquences désolantes : augmentation de travail et moins grande perfection dans la culture; perte de temps pour le trajet d'un champ à l'autre; servitudes réciproques et nombreuses ; impossibilité d'exécuter des travaux d'amélioration et surtout d'assainissement, qui souvent tripleraient la valeur de la propriété; limites nombreuses et incertaines, cause incessante de querelles, de haines, de procès; asservissement au mode de culture usité dans la localité.

SIMON.

Ce qui contrarie le plus dans cet éparpillement

des champs, c'est le temps qu'il faut perdre pour
aller de l'un à l'autre.

FRANÇOIS.

C'est bien pis encore, quand on est comme moi
voisin à plusieurs places du père Mouton ou de chi-
caneurs de même farine. Il n'y a pas moyen d'éviter
de paraître tous les jeudis à l'audience.

BERTRAND.

J'en sais bien aussi quelque chose. D'un autre
côté, nous savons tous qu'il faut plus de semence
pour des champs divisés que pour une même étendue qui ne l'est pas, à cause des rives qu'on ne peut
semer régulièrement.

FRANÇOIS.

Mais que faire à tout cela?

LE CAPITAINE.

Le morcellement et l'enchevêtrement de vos
terres vous permettent peu de changements : ils
rendent vos propriétés et vous-mêmes esclaves de
la routine; c'est pourquoi je trouve si déplorable
une telle disposition, et si répréhensible de se laisser, comme Thérèse, entraîner à des chicanes dont
le résultat est la subdivision des pièces, même les
plus petites.

THÉRÈSE.

Mais lorsqu'on ne peut s'arranger !

LE CAPITAINE.

Mais c'est qu'il faut s'arranger, et savoir se céder réciproquement quelques avantages. Dans une vente, on fait, avec raison, grand cas des terres réunies. Dans un partage, au contraire, on dissèque tout. Pour en revenir à nos affaires, Thérèse, quoiqu'un peu têtue, a le cœur bon, à ce qu'il m'a toujours semblé ; elle consentira donc, je l'espère, aux arrangements qui lui sont proposés. Quoiqu'au service depuis vingt ans, je me souviens encore assez de la valeur des champs que je labourais étant jeune, pour juger, d'après ce qui a été dit tout à l'heure, que sa part doit réellement valoir mieux que les nôtres.

THÉRÈSE.

Mais ils agrandissent leurs propriétés, et les nôtres restent tout comme.

LE CAPITAINE.

Eh ! ma chère amie, si tu étais à leur place, ne serais-tu pas enchantée qu'ils fissent pour toi ce que je t'engage à faire pour eux ?

THÉRÈSE.

Et puis, est-ce que je ne connais pas mes belles-sœurs? Lorsque j'aurai été bien complaisante, elles iront se vanter par tout le village de m'avoir adroitement subtilisée.

BERTRAND.

Comment, Thérèse, peut-il te venir de pareilles idées?

LE CAPITAINE.

Je ne puis le croire; mais, quand cela serait, tu n'aurais que plus de mérite d'avoir agi noblement. Allons, Thérèse, accepte ce qu'on t'offre.

THÉRÈSE.

Il faut donc que je consente, puisque tu le veux; mais c'est à condition que j'échangerai avec Bertrand mon champ du Bois-Joli pour le sien qui touche ma pièce d'un hectare au marais.

BERTRAND.

Eh bien! va pour l'échange.

LE CAPITAINE.

Ah! mes chers amis, combien je suis charmé de vous avoir enfin mis d'accord? Il faut maintenant vous montrer tout le plaisir qu'on peut trouver à faire le bien. Je suis habitué à peu dépenser, et résolu à venir, en vieux garçon, finir mes jours parmi vous. Ainsi, mon traitement, et plus tard ma pension avec ma croix, me suffiront toujours et au delà. Quant à vous, vous avez à soutenir un train de culture, des enfants à élever et à marier. Si je me trouvais à votre place, je serais enchanté de me voir aidé par un bon parent que le sort aurait favorisé. Ce que je voudrais qu'on me fît, je prétends vous le faire; je vous laisse donc dès à présent ma petite part. J'arrive exprès pour vous donner cette marque d'amitié.

BERTRAND.

L'excellent frère !

FRANÇOIS, SIMON, THÉRÈSE.

Comment te témoigner notre reconnaissance !

LE CAPITAINE.

Une bonne action porte en elle-même sa récompense. Si vous êtes touchés de ce léger sacrifice, prouvez-le par la pratique de la morale qui en est la source. Soyez pleins de mansuétude les uns envers les autres. Réjouissez-vous mutuellement de ce qui peut vous survenir d'heureux, et rejetez comme des serpents venimeux ces basses jalousies qui empoisonnent, hélas ! trop souvent, le bonheur dont il serait facile de jouir dans votre vie simple et paisible. Saisissez toute occasion de vous rendre service. En un mot, suivez le précepte divin :

« Fais à autrui ce que tu voudrais qui te fût fait à toi-même. »

Lorsque la pièce fut terminée, le groupe de chanteurs exécuta quelques morceaux. Les autorités prirent place sur l'estrade, et des prix, consistant en livres et médailles, furent distribués pour divers genres de mérites agricoles. Plusieurs enfants reçurent de petits ouvrages en récompense de leur assiduité à profiter des notions élémentaires d'agriculture et d'horticulture que leur avait données l'instituteur.

On se rendit ensuite sous de grands arbres où un dîner champêtre était préparé. Au dessert, on but à la santé du généreux fondateur de la fête, M. Larivière, de M. le maire, de M. le curé, de M. l'instituteur, enfin à la reprise des conférences qui avaient été le point de départ de tant de choses agréables et heureuses.

7

La soirée se termina, aux acclamations générales, par un feu d'artifice dont M. Larivière avait fait les frais, et chacun se retira sous l'impression des meilleurs sentiments.

FIN.

TABLE DES MATIÈRES

Introduction.   V

PREMIÈRE CONFÉRENCE

Objet des conférences. — Tant vaut l'homme, tant vaut
la terre.   I

DEUXIÈME CONFÉRENCE

Terrains tenaces et sans calcaire; chaux, marne; chemins; dignité du travail; le laboureur en hiver.   8

TROISIÈME CONFÉRENCE

Fumier. — Théorie et pratique agricoles. — Chercher
Dieu et sa justice.   19

QUATRIÈME CONFÉRENCE

Plus on veut avoir moins on a. — Nourriture et logement du bétail. — Un bon propriétaire. — Constructions rurales. — Le laboureur au printemps.   30

CINQUIÈME CONFÉRENCE

Chansonnette. — Conformation des animaux. — Choix
des semences. — Éducation des enfants. — Pâture..   44

SIXIÈME CONFÉRENCE

Drainage. — Concours du propriétaire à ce genre d'opération. — Drainage en commun. — Trop peu d'améliorations foncières et trop d'achats de biens-fonds.—
L'usurier des campagnes. — Le laboureur en été. ...   55

SEPTIÈME CONFÉRENCE

Drainage. — Travaux d'hiver. — Irrigations. — Procès.
Cabaret. — Le laboureur en automne...............   71

FÊTE AGRICOLE

Le partage............................   89

FIN DE LA TABLE DES MATIÈRES.

Paris. Imprimérie P.-A. BOURDIÉR et Cᵉ, rue des Poitevins, 6.

DUMAS (J.). La science des fontaines, ou Moyen sûr et facile de créer partout des sources d'eau potable, 2e édition, revue et corrigée, 1 vol. in-8, 44 p. et 12 pl.   10 fr.

GÉRADON (J. B. de). Code des Campagnards, ou Explication et conseils aux propriétaires, fermiers et habitants des campagnes pour la direction de leurs intérêts et l'administration de leurs propriétés, in-12, 226 p.   3 fr.

GOSSIN (L.), professeur d'agriculture à l'institut normal agricole de Beauvais, etc. **L'Agriculture française.** Principes d'agriculture appliqués aux diverses parties de la France. Ouvrage orné d'une carte agricole de la France, de 225 pl., dessinées par MM. ISIDORE BONHEUR, ROUYER, MILHAU et Mlle Rosa BONHEUR, et gravées par MM. Adrien LAVIEILLE et LEBLANC. 1 vol. grand in-4 à 2 colonnes, 403 p.   30 fr.

— Le même ouvrage, édition populaire, 2 vol. in-12, 472 p., une carte et fig. intercalées dans le texte.   10 fr.

— **Collection des races d'animaux qui intéressent le plus l'agriculture,** dessinées par Mlle Rosa BONHEUR et M. Isidore BONHEUR, gravées par M. A. LAVIEILLE, in-4 oblong, 40 pl.   45 fr.

POURIAU (A.-F.), docteur ès sciences, ancien élève de l'École centrale, professeur à l'École impériale d'agriculture de la Saulsaie et à l'École centrale lyonnaise, membre de la Société météorologique de France, membre correspondant de plusieurs Sociétés savantes, etc. — **Éléments des sciences physiques appliquées à l'agriculture.** *Chimie inorganique* suivie de l'étude des matières, des eaux et d'une méthode générale pour reconnaître la nature et la composition des composés minéraux intéressant l'agriculture ou la médecine vétérinaire, 1 vol. in-18, VIII-512 p. et 135 fig. dans le texte.   4 fr.

— Tome II. *Chimie organique* comprenant : 1° l'étude des éléments constitutifs des végétaux et des animaux, 2° les notions de physiologie végétale et animale, 3° l'alimentation du bétail, la production du fumier, etc., 1 vol. in-12, 642 p., nombreuses gravures dans le texte.   5 fr.

— Avec le tome 1er (Chimie inorganique).   12 fr.

Paris. — Imprimerie de P. A. BOURDIER et Cie, 6, rue des Poitevins.